小学体育教育教学创新与发展研究

罗荣汶 著

图书在版编目（CIP）数据

小学体育教育教学创新与发展研究 / 罗荣汶著. —北京：北京工业大学出版社，2021.10重印
　　ISBN 978-7-5639-6892-3

Ⅰ. ①小… Ⅱ. ①罗… Ⅲ. ①体育课－教学研究－小学 Ⅳ. ① G623.82

中国版本图书馆 CIP 数据核字（2019）第 145862 号

小学体育教育教学创新与发展研究

著　　者：罗荣汶
责任编辑：任军锋
封面设计：点墨轩阁
出版发行：北京工业大学出版社
　　　　　（北京市朝阳区平乐园 100 号　邮编：100124）
　　　　　　010-67391722（传真）　　bgdcbs@sina.com
经销单位：全国各地新华书店
承印单位：三河市元兴印务有限公司
开　　本：710 毫米 ×1000 毫米　1/16
印　　张：10.25
字　　数：205 千字
版　　次：2021 年 10 月第 1 版
印　　次：2021 年 10 月第 2 次印刷
标准书号：ISBN 978-7-5639-6892-3
定　　价：35.00 元

版权所有　　翻印必究

（如发现印装质量问题，请寄本社发行部调换 010-67391106）

前　言

　　教育科研能力是影响当下中小学体育教师专业化发展的瓶颈，也是普通体育教师成长为专家型体育教师的关键所在。当下，绝大多数体育教师的教育科研意识淡薄，对体育教育科研工作不够重视，平时不爱动笔。虽然许多体育教师的课堂教学能力很强，将校园文体活动开展得有声有色，但由于缺乏反思性研究和文字积累与理论提升，久而久之，教育科研便成了他们的短板，从而影响了他们的专业成长。虽然教育部门也经常举办有关提高体育教师教学论文、案例撰写等教育科研能力的培训，但收效甚微，实效性不强。市场上缺少专业的小学体育教育科研方面的指导书籍，广大一线体育教师迫切需要来自实践并有高理论水平的相关书籍，以指导自己的专业发展，提升自己的教育科研能力。因此，笔者希望本书能为广大一线体育教师提供一定的指导和帮助。

　　本书第一章详细地介绍了小学体育课程与教学目标；第二章分析了如何对小学体育的教学设计进行创新；第三章分析了如何对小学体育的教学策略和方法进行创新；第四章分析了如何对小学体育的教学内容进行创新；第五章分析了如何对小学体育游戏教学进行创新；第六章对小学体育教师的培养创新进行了分析；第七章对小学体育教育教学管理与评价进行了分析；第八章对当前我国小学体育教育教学的发展状况进行了分析。

　　笔者在撰写本书的过程中参考了大量的出版物和线上资料，在此对专家和学者们表示感谢。由于笔者水平有限，本书不可避免地会有一些疏漏与不足之处，在此希望读者朋友能够批评和纠正。

目 录

第一章 小学体育课程与教学目标 … 1
- 第一节 小学体育课程的地位和价值 … 1
- 第二节 小学体育的课程目标与教学目标 … 8

第二章 小学体育的教学设计创新 … 23
- 第一节 小学体育学习的影响因素 … 23
- 第二节 小学体育的教学设计 … 31

第三章 小学体育的教学策略和方法创新 … 43
- 第一节 小学低年级体育教学方法创新 … 43
- 第二节 小学中年级体育教学策略和方法创新 … 45
- 第三节 小学高年级体育教学策略和方法创新 … 53

第四章 小学体育的教学内容创新 … 61
- 第一节 小学体育的课堂教学 … 61
- 第二节 小学体育的课外拓展 … 74

第五章 小学体育游戏教学创新 … 83
- 第一节 体育游戏创编的原则 … 83
- 第二节 体育游戏素材、创编过程与创新编写的方法 … 93

第六章 小学体育教师的培养创新 … 105
- 第一节 小学体育教师的角色定位 … 105
- 第二节 小学体育教师综合素质的培养和提高 … 124

第七章 小学体育教育教学管理与评价 … 127
- 第一节 小学体育教学管理系统与内容 … 127
- 第二节 小学体育教育教学评价的基本理念与基本方法 … 135
- 第三节 小学体育教育教学评价的内容 … 144

第八章　当前我国小学体育教育教学的发展状况……153
　　第一节　小学体育教育教学的问题及对策……153
　　第二节　小学体育教育教学中的发展变化……155

参考文献……157

第一章　小学体育课程与教学目标

小学体育课程以增强小学生体质为主要目标，借助身体练习的方式，重点是让学生学习体育健康知识和运动技能方法，是小学阶段的必修课程，也是全面提升小学生素质教育质量的重要手段，在小学生教育课程体系中占据十分重要的地位。体育教师研究小学体育教学目标是教育教学的必经阶段，教师是否对小学体育教学目标有着深刻的理解和分析对小学体育教学工作的完成有着重要作用。

第一节　小学体育课程的地位和价值

一、小学生身心全面发展需要小学体育课程

小学时期是人一生中生长发育的重要阶段，在这一阶段中，小学生的身体发育遵循着人体生长发育的规律，随着年龄的增长呈现出不同的阶段特征和行为表现，具体体现在生理和心理两个方面。了解和把握他们的生理和心理特点，有助于教师正确分析小学生的体育活动行为，更好地对他们进行体育与健康教育。同时，只有根据小学生各年龄阶段身心发育的不同特点采取针对性的教育措施，才可以更加协调地促进小学生身心发展，提高小学生身心全面发展水平。

（一）小学生生理发育特点

1. 骨骼成分中胶质较多，钙质较少

小学生的年龄一般在 6~12 岁，处于小学生骨骼生长发育的重要阶段。在这一阶段，小学低年级学生下肢骨骼迅速生长发育；小学中年级学生骨骼成分中胶质较多，钙质较少，弹性和可塑性较大，但坚固性较差，易骨折和脱臼；小学高年级学生肩宽、骨盆等指标突增，并达到最高峰，小学高年段是身体发育的最高峰时期。因此，体育教师在小学体育教学过程中要重点关注小学生的姿势动作，避免进行长时间的不对称练习，其也应控制时间和次

数，做到适度和适量，防止发生安全事故。

2. 肌肉水分含量较多，蛋白质和无机物较少

小学低年级学生肌肉发育尚不完全，水分含量较多，蛋白质和无机物较少，肌肉纤维较细，肌腱宽而短，关节软骨厚但韧带薄而松弛，牢固性较差，容易发生脱臼；小学中高年级学生的肌肉群开始发育，大肌肉群发育稍早于小肌肉群。因此，小学体育教学不应急于肌肉训练，可多安排跑、跳、头等伸展性练习，避免剧烈性或爆发性运动。

3. 心脏容积小，心脏收缩力弱

小学生的心脏容积还很小，心脏收缩力弱，心肌处于不断发育之中。此外，小学生血液循环较快，心跳频率较高，心脏质量较低，易疲劳。在进行体育教学时，体育教师应控制好学生运动的负荷和强度，不易进行过分剧烈和耐久性过大的练习活动，防止心脏负担过重。

4. 胸廓狭小，肺容量低

小学生因其胸廓狭窄、肺容量低，所以呼吸的特点为呼吸阻力大，呼吸深度浅以及呼吸频率高。但小学生随着年龄的增长，血压指标增长迅速，肺活量逐渐增大。在进行体育教学时，教师应安排学生进行适当的体育活动以促进小学生呼吸系统的发育，提高其呼吸功能，但应注意练习强度不宜过大，应以有氧训练为主。

5. 神经系统发展快，兴奋性高

小学生的神经系统处于快速发展的阶段，兴奋和抑制机能不断增强，以直观条件反射为特点的第一信号系统活动占据主要地位，以抽象逻辑思维为特点的第二信号系统活动也在逐步增多。小学生在体育课堂经常表现为活泼好动、学习反应速度快，但注意力不集中、易疲惫等现象。因此，教师应根据小学生课堂表现的特点多安排生动有趣的教学活动，积极引导，利用多种教学手段吸引小学生的课堂注意力，但应掌握好时间和强度的界限。

身体素质是人体体质强弱的外在表现，可以通过后天的训练而使之改变。小学阶段是儿童各项身体素质快速发展的阶段，在这一阶段中，小学生各项身体素质发展特点有：速度素质最先发展；耐力素质发展较晚；柔韧素质发展稳定；力量素质和灵敏素质随运动量的增多和年龄增长而提高。

（二）小学生心理发育特点

小学生的心理根据其不同的年龄阶段有着不同的特点。小学低年级的学生天真好动，兴趣广泛，对教师产生绝对的信任感和依赖感，参加体育活动

是以对体育活动的直接兴趣为动力的，喜欢模仿和做游戏，但情绪不稳定，集体意识模糊，注意力容易被外界事物影响，自控力不强；小学中年级阶段是学生情感发生变化的转折时期，学生的情感从外露向内控、从浅显向深刻、从不自觉向自觉逐渐转变，但情绪控制能力有限，依然需要家长和教师的悉心引导，集体意识和集体荣誉感慢慢形成并快速发展，更加倾向于主动学习；小学高年级的学生无论是感知能力还是记忆力都有了明显的提高，注意力容易集中，自主意识逐渐增强，但意志力会受到困难和挫折的影响。

基于上述特点，体育教师不仅要发展学生的身体，更要关心他们的心理健康。因此，在体育教学中，体育教师要合理安排教学内容，丰富教学形式，多多开展集体活动，培养学生遵规守纪、团结友爱的优良品质，让学生在玩与学、苦与乐、思与行之中健康成长。

二、小学体育是小学课程体系的重要组成部分

体育教育是实现学生德、智、体、美、劳全面发展的重要环节，是我国教育体系的关键部分，同时也是学校教育的重要组成部分。体育课程是以户外教学为主的课程，相较于其他课程来说更注重实践与技能的训练。这就是说，其性质是以技能性为主，兼顾情意性、科学性、人文性，是四性兼备的学科。体育教学的意义不仅仅在于学生体育认知方面的深化更在于学生身体素质、技能方法及情感态度的优化。体育教师要利用其特殊的教学环境和手段，使实践与教学相结合，科学安排每一次教学活动。体育课程的大部分内容是学生身体活动练习，学生只有切身行动才能实现课程的有效性，否则，体育学习是无法进行的。体育学习的效果要通过学生身体和行为的变化体现出来，而学生道德情感也需要在实践中增强。小学体育作为小学课程体系的重要部分，在小学生身心发展过程中发挥着独特的作用，其作用可以分为以下五点。

（一）促进小学生身体健康的发展

小学体育教育可以促进小学生身体健康的发展。小学生正处于生长发育的旺盛时期，身体可塑性强。教师通过指导学生积极参加体育锻炼，可以促进小学生身体的正常生长发育，不断提高学生身体素质和机能，不仅使学生在速度、力量、耐力、灵敏及柔韧等素质方面有了质的飞跃，也为小学生身体体质的强壮奠定了基础。要想使小学生在校学习更加有效率，就需要让小学生的大脑得到休息和转换。同时，学习体育课程还可以使小学生增长更多的体育知识，卫生保健知识以及运动技能，从而形成正确的运动观念和健身

意识，为终身体育教育理念的落实打下了坚实的基础。

（二）有助于小学生心理素质的提高

小学体育教育可以提高小学生的心理素质，增强其受挫力和意志力。心理素质是除自然素质和社会素质的又一素质，是人的整体素质的组成部分。心理素质包括人的认识能力、情绪和情感品质、意志品质、气质和性格等个性品质诸方面，是在先天的基础上受后天环境与教育的影响逐步形成的，对人的思想和行为具有巨大的作用。一个良好的心理素质可以让人勇敢地面对挫折和困难，激发人的无限潜能，在面临重大抉择时做出最理性的判断。相反，如果一个人的心理素质水平不高，心理承受能力低弱，即使这个人的能力再强也可能面临着失败的风险。对青少年来说，培养他们良好的心理素质不仅能减轻其心理负担，对于其人生观、世界观、道德观和价值观的正确塑造也发挥着重要作用。由于教学过程是建立在学生全部心理基础上的，只有当小学生的全部心理活动都积极地参加到整个教学活动过程中时，才能取得应有的教学效果，因此，提高小学生的心理素质水平，必然对提高体育教学质量有利。

在小学体育课程中提高小学生心理素质的方法有以下三种。

①建立和谐的师生关系、生生关系，在体育活动中营造一个团结有爱、互帮互助的良好氛围。

②大力开展适合小学生参加的各种体育项目，可以是个人项目也可以是集体项目，可以是田径项目也可以是球类项目，让小学生在运动的过程中不断地挑战自己，超越自己，享受运动带来的成就感和乐趣。

③正确引导小学生在运动过程中面对困难和挫折的消极情绪，对他们予以充分的鼓励和信任，使其建造一个坚实的心理防线，增强其自尊心和自信心，使其以积极乐观的心态去面对挑战和挫折。

加强体育锻炼不仅能够满足人们身体成长的需要，还能满足人们对于健康的心理和精神活动的需求。小学体育教育是传授知识和技能的教育，也是锻炼学生意志品质、丰富学生情感世界、培养学生兴趣和荣誉感的活动。这就是小学体育与其他学科教育的不同之处，体育教学在促进个性发展方面有着不可取代的作用。

（三）丰富体育与健康知识和技能

小学体育教育可以使小学生丰富体育与健康知识和技能。通过对小学体育课程的学习，小学生能够获得丰富的健康知识与体育技能，例如：运动前如何做好准备活动；怎样的跑步姿势能减少膝盖的损伤；跳远时应如何用力；

等等，小学生掌握了运动的正确方法和规律，知道如何在体育活动中加强安全防范措施，能更好地进行体育锻炼，形成良好的运动习惯。除此之外小学生还可以在丰富的体育活动中选择自己喜爱的或适合自己的体育运动，发挥自己的优势和特长，充实自己的课外生活。学生只有真正对体育活动产生兴趣，才会主动地了解运动涉及的各种知识，提高对运动美的欣赏能力。体育课程的学习内容包括两个方面，一方面是涉及体育运动的生理知识和体育运动的规律常识，另一方面是实际运动中的技巧和方法，前者偏向于理论性，后者偏向于操作性。因此，在小学体育教学中，教师既要重视基础又要注重实践，根据学生的具体情况，教授科学的教学内容，创设有效的教学环境，满足课程目标的要求。

（四）培养小学生审美意识

小学体育教育可以培养小学生的审美意识，提高小学生对运动美的鉴赏能力。审美不只是对外在事物美丑的评价，而且具有多种形式，如审美感觉、情趣、经验、观点和理想等，审美观是世界观的一部分，是人类积极生活的主要体现。世界上从不缺乏美，缺少的只是发现美的眼睛，这句话充分体现了审美的重要性。人们都喜欢追求美的事物，而且现在越来越注重精神方面的追求，培养审美意识是当代社会的需要。

体育运动中存在着许多美，比如形体美、力量美、节奏美、精神美等。形体美、力量美和节奏美都体现在外在美上，像拥有腹肌、人鱼线、马甲线等的人看起来就很健康，球类运动中你来我往的进攻与防守也牵动着众多球迷的心；而精神美主要是通过内涵来表现的，例如，运动员为了不放弃比赛强忍伤痛，团体赛中球员们为了国家的荣誉团结一心，等等，体育中的美是通过体育行为的表达而得以展现的。从小培养小学生的体育审美意识，提高其体育审美能力和审美素质，是小学体育教育特有的作用和价值，体现了其独一无二的地位。

（五）实现小学生社交能力的提升

小学体育教育可以实现小学生社交能力的提升，提高其社会适应能力。随着社会的快速发展，人的社交范围逐渐扩大，交流渠道越来越便捷，社交能力成为人们需要具备的基本能力之一，而交往素质就是人们社交能力的体现。交往素质是指个体参与社会活动、人际交往、群体合作等方面所具有的自觉的意识和能力。拥有良好的交往素质的人不仅能获得更多人际关系，还可以赢得他人的尊重和认可。因此，提高人的交往素质也就必然成为每个人未来发展所面临的一个重要问题。

提高人的交往素质，可以从以下几个方面入手。

①摆正自己所处的角色位置，对自己有一个正确、清晰、客观的认识与评价。

②掌握社交礼仪，提高自身修养。

③规范言行举止，优化自身形象。

在体育教学中，人与人之间的互动不仅仅是师生之间的互动，学生与学生之间的互动也很重要，如果教师处理不好学生之间的关系，会在一定程度上影响体育教学的实施。最好是从小就开始培养学生的社交能力，其原因是性格是影响社交能力的重要因素。学校应开设小学体育课程，让学生在体育运动中形成活泼开朗的性格，加强与人与人之间的互动交流，实现社交能力的提升。

当前我国还未完全从应试教育的模式中脱离出来，仍有部分学校存在只教学生读书，而忽略其他素质培养的现象，通过这样的教育，培养出来的学生缺乏集体意识，很难适应社会。教师应该重视学生素质全面的发展，将学生培育成既拥有丰富学识又具备多种能力的人才，这是素质教育的最终目标，也是中小学学校教育和体育教育的重要内容。在小学阶段，学生是乐于参加体育活动的，尤其是低年级学生，他们认为体育是一种"游戏"，很容易接受教师的安排和教育。教师应利用这一优势，科学合理安排教学内容，丰富课堂形式，鼓励学生积极参加集体活动，培养学生的责任感、道德感和集体荣誉感，让学生在运动的过程中形成乐于助人、善于合作、刻苦勇敢等优良品质，具备与社会和谐相处的意识和能力，将小学体育真正的价值展现出来，发挥其独特的情感陶冶、人格塑造等作用。

三、小学体育是终身体育的基础

终身体育，顾名思义就是指终身接受体育教育和从事体育锻炼，从而保证身体健康，终身受益。其含义包括两个方面：一是指人从出生后到死亡前都要参加体育锻炼，让体育成为人一生中始终存在的重要内容；二是指树立终身体育的理念，为人们提供不同时期、不同群体参加体育活动的机会。终身体育的理念伴随着"终身教育"的提出而出现，以人为出发点，充分实现了体育运动对人的价值，具有超前性和主动性。作为一种现代化的体育思想，终身体育的理论基础源于以下两个方面。

(一)人体的自身发展需要体育锻炼伴随终身

人的身体发展大致会经历三个阶段,即生长发育期、成熟期和衰退期,每一个时期都有其自身的发展规律。体育锻炼是一种具有强身健体作用的身体活动,对人各个时期的身体健康都有着积极的影响。例如:在生长发育期,人的骨骼、肌肉和心脏等生理器官尚在发育中,身体机能并不完善,适当进行体育锻炼可以促进身体各项素质的发展,提升身体素质;在成熟期,人的各项生理机能已发育完全,达到精力与体力的顶峰时期,这时进行体育锻炼可以保持精力的旺盛和体力的充沛,使身体变得更加强壮和健康;在衰退期,人的各项生理机能逐渐衰退,尤其是身体活动能力和神经系统调节能力大大下降,这时进行少量的体育锻炼可以继续保证身体灵活、精力充沛,有着延年益寿的功效。因此,根据人体的生理特点进行不同程度的体育锻炼,不仅能满足每个时期的生理要求,更重要的是能促进人的身体健康,提高人的抗病能力。

体育锻炼在人的身体发展的不同阶段有着不同的要求,这是根据人体的发展规律提出来的。要求不同,所对应的训练方法也会有所区别。终身体育的提出就是要纠正只是在一生的一个短暂时期进行体育锻炼的观点,人们要认识到体育锻炼不可能一次完成,更不可能一劳永逸。

(二)终身体育是现代社会发展的需要

现代社会的快速发展给人们带来了一系列生产和生活上的变化,比如生活和工作节奏加快、运动量减少、精神压力过大、作息饮食不规律等。人们的身体负担变重,出现了各种各样的疾病。为了改善身体的健康状况,人们开始提高健康意识,注重身体保养。体育锻炼是一种提高人们身体素质,增强身体免疫力的活动,人们通过进行体育锻炼来调节生活节奏,排解压力,放松身心。由此可见,体育锻炼在人们的生活中占据着十分重要的地位。

教师和家长要从小开始培养小学生坚持进行体育锻炼的好习惯。小学生处于人的身体发育的第一个关键时期,也是进行体育系统锻炼、掌握体育知识技能的重要时期。在这一时期,培养小学生经常锻炼的体育意识,会为以后的体育培养奠定基础,还可以防止小学生身体发育出现驼背、高低肩、脊柱侧弯的情况。学校体育是终身体育的基础,小学体育又是学校体育的基础,如果能够使学生在这一"黄金时代"打好身体基础,会产生事半功倍的效果,也符合终身体育和现代社会发展的需要。

第二节　小学体育的课程目标与教学目标（一）

一、课程目标与教学目标的关系

课程目标与教学目标之间是既有联系又有区别。

（一）课程目标与教学目标之间的联系

课程目标与教学目标之间的联系体现在以下两个方面。

一方面，课程目标和教学目标都以教学目的为总目标，都是培养目标的具体化。课程目标是教育目的的下位概念，是教学目标的上位概念，介于教育目的和教学目标之间，起着桥梁和转换作用。

另一方面，课程目标和教学目标都需要内容和行为来支撑，教学是实施课程目标的主要途径，课程目标明确了教学活动的方向，教学目标对课程目标进行具体实施和细化。

（二）课程目标与教学目标之间的区别

二者之间的区别主要体现在以下四个方面。

第一，二者的含义和概括程度不同。课程目标是在课程设计与开发过程中，课程本身要实现的具体要求，是对课程的宏观指导；而教学目标是指教师在具体课程的实施计划过程中，完成某一阶段的教学工作所期望达到的要求或结果，是对教学细节上的要求。

第二，二者的制定人、指导对象及实施主体不同。课程目标是由课程意识较强的课程工作者制定的，它指导整个课程，其实施主体涉及人员众多，包括教育管理部门、课程指导机构、教材与教学参考书的编写者与审核者、学校教师及学生等；而教学目标是由教学意识较强的教学工作者制定的，它指导具体课程的教学过程，其实施主体只包括学校教师及学生。

第三，二者的制定原则不同。

课程目标在制定时主要遵循以下原则。

①课程目标要全面，不仅要让学生的体力和智力得到充分发展，还应让学生在品德、审美、劳动等各方面和谐发展，这是素质教育的基本要求，也是现代社会对人才的基本要求。

②课程目标制定要贴近现实，课程目标制定人应摒弃只培养少数英才的偏见，提高对大多数通才的培养意识，既为高水平人才打下基础也要适应大多数学生的需要。

③课程目标的制定要有针对性，课程目标的制定人应从我国实际国情出

发，结合国外科学的、成功的经验，针对我国课程设置存在的弊端重新进行规划和设计，另外在课程制定的过程中还要考虑未来社会的发展需要。

④课程目标的制定要平衡，课程目标不仅要体现德智体美劳五个方面的平衡，还要体现出人文学科与自然学科的平衡以及必修课与选修课之间的平衡等。

而教学目标的制定要遵循以下原则。

①兼顾知、情、意、行。教学目标应同时体现知识与技能、过程与方法、情感、态度和价值观三个维度的目标要求，只确定其中一个的目标要求是远远不够的，必须把知、情、意、行等方面全都考虑进去。

②全面把握与突出重点。制定的目标必须要全面，不能遗漏知识点，也不能忽略知、情、意、行等方面的内容。

③突出隐性目标的原则。体育教学过程中有许多不明确的规定，但是这些隐性的教学目标虽然没有被明确地揭示出来，但是隐性课程的功能却在发挥着作用。例如，教师的道德水平在教学过程中将会影响学生的言行，师生之间的情感交流会让学生感到人文的关怀，等等。而在制定教学目标时要全面考虑这些隐含在教学过程中的隐性课程，兼顾其他，从而使隐性目标发挥作用。

④注意分清课程目标与教学目标的作用对象。课程目标指导整个课程，是课程设置的直接目标，优先考虑的是课程的效果，而教学目标是课堂教学过程中的教与学的目标，是课程目标的进一步细化，具体分为知识与技能、过程与方法和情感态度与价值观三个维度。

第四，二者的灵活程度不同。课程目标制定的过程要求制定人要非常的严谨和慎重，课程目标一旦被确立就不能被轻易改动；而教学目标相较于课程目标来说灵活程度更高，授课教师可以根据自己的理解和实际教学情况做出适当调整。

二、体育课程目标与体育教学目标

（一）体育课程目标与教学目标的意义

体育课程目标和与体育教学目标是体育课程和体育教学理论与实践中非常重要的两个问题。

1. 体育课程目标的功能

体育课程目标是指在一定的教育阶段，体育课程力图促进学生身心发展所要达到的预期程度或标准。标准功能是体育课程目标的主要功能。所谓标准功能是指体育课程目标对体育课程的检查、评估产生的标准作用。具体而言，体育课程目标主要有以下功能。

①指导安排体育课程内容和选择体育教学方法。体育教师可以通过分析体育课程目标，有针对性地选择那些最具价值的体育知识和方法，界定课程的内容范围，为课程安排的合理性提供依据。

②指导开展体育课程与教学活动。把体育课程组织成什么样的类型，把体育教学组织成什么样的形式，在某种意义上取决于体育课程的目标。体育课程目标决定了课程的性质和类型，也决定着教与学的组织形式。

③指导体育课程的实施。体育课程目标是体育课程的最终目的，因此体育课程的实施过程也是实现体育课程目标的过程，体育课程目标对体育课程的实施起着导向和激励作用，影响教学的方法与策略。

④为体育课程评价提供依据。体育课程是否完成了体育课程目标，完成质量如何都可以作为体育课程的评价依据，这构成了对课程和教学进行价值判断的基本标准。

⑤体育课程目标在更新体育教学观念方面也发挥中巨大的作用。在以往的体育教学观念和课程目标中，体育基本技能的掌握是重点，课程的设置一直围绕着如何提高体育技能。但在新的体育教学观念和课程目标中，全面贯彻了以人为本的教育理念，以学生的身心健康发展为出发点，着重考虑了学生的各方面因素，如身体健康、心理健康、生活态度、社会适应、运动技能等，充分尊重学生的感受和喜好，让学生在充满和谐、友爱、公平、愉悦的环境中进行体育活动，不仅有利于激发学生对体育的兴趣和喜爱之情，刷新体育运动观念，还有利于挖掘其运动潜能，提高其运动欣赏能力，提升其运动技能水平。

2. 体育教学目标的功能

体育教学目标不仅是体育培养目标的具体化，还是体育课程目标的具体化，彰显了体育课程的本质功能。其主要具有以下五个功能。

（1）导向功能

体育教学目标是体育教学计划的首要环节，对整个体育教学实践活动起着导向的作用，如果制定的教学目标合理，不仅能够使教育进展的方向更加清晰，还对教学内容的设计、教学方法的选择及教学活动的开展等体育教学工作也能起到指导作用。以下是其具体表现的三个方面。

①帮助体育教学工作有序进行，防止陷入迷茫、混乱的状态。

②为体育教学工作指明积极的前进方向，让教学集中在具有教育意义和

教育价值的工作上。

③提高体育教学工作的效率，将更多的时间注入教学上而不是计划上。

体育教学目标相当于"一列火车的车头"，如果目标指向正确，"火车"就能步入正确的轨道，后面的教学工作只需要按部就班地进行即可；如果目标从一开始就偏离了方向，那么"这列火车"随时有撞车的风险，会出现各种负面效果。因此，教师在体育教学目标的制定上一定要根据实际教学情况进行科学合理的安排，在教学的最初阶段保证体育教学目标的准确性。

（2）激励功能

教学目标是人的意识在教学中的预设，反映了人的愿望和努力的方向。如果这个预设同人的需要相符，那么人就会产生相应的行为动机，也就是说目标具有了激励功能。合理的体育教学目标充分考虑了学生的身心需要，也从一定程度上代表着教师的愿望和努力方向，不仅能激发学生的学习与运动的兴趣，还能激励教师更好地完成教学任务。以学生为例，体育教学目标的激励功能具体体现为以下三点。

①体育教学目标与学生的身心需要相吻合，学生对体育产生学习动机，能较容易投入体育学习。

②体育教学目标能激发学生参与体育活动的兴趣，使其进行多种多样的体育实践活动。

③适当增加目标的难度能刺激学生潜在的胜负欲，使其愿意接受挑战和实现自我超越，进一步激发学生对于体育知识和技能的学习热情。

如果体育学习目标的难度较低，学生就会缺乏体育竞争的动力和热情；如果体育教学目标的难度过高，学生就容易在困难面前生出退缩的念头。只有将体育教学目标的难度控制在学生既可达到又能有训练效果的程度，才能够激发学生学习的动机和热情，使其积极参与体育学习和训练中。

（3）调控功能

体育教学目标界定了教学计划的范围，明确了教学计划的重点，不仅指引着体育教学的具体方向，还规范着体育教学具体的方法和步骤。体育教学内容、方法、步骤等教学工作是按照体育教学目标设计的，体育教学工作顺利开展的过程也是实现体育教学目标的过程。教师并不一定要原封不动按照体育教学计划进行体育教学工作，可以根据实际的教学情况和环境做出相应的调整，但大体还是需要遵守体育教学目标的方向，体育教学目标对体育教学活动还具有一定的控制和调整作用。

（4）衔接功能

体育教学目标作为体育课程目标的下位概念，是体育课程目标的具体化，起着衔接各层次教学目标的作用。体育教学目标是一小段一小段的目标，是体育总的教学目标的分支，将这些小的目标汇总并使之实现也就意味着总的体育教学目标的实现，是总的体育教学目标的基础。

（5）评价功能

体育教学目标作为教育评价的重要基础，能够为检验体育教学质量提供评价标准。检验体育教学工作是否合格需要对体育教学进行评价，其中评价的重点不仅仅是最后教学结果，还应该包括教学过程、教学内容及教学方法等各方面。体育教学目标本身具备着鲜明的标准，因此，体育教学目标为体育教学评价提供了重要的参考依据和衡量标准，比如体育教学活动是否达到了预期的教学目标、达到目标的程度是多少、体育教师授课质量怎样等。另外，体育教学目标的评价功能还能督促教师朝着更加科学的方向制定体育教学目标，如果制定的教学目标不合理，以它为依据进行的教学评价就会失去合理的保障和可信度，教学目标制定工作也就变得没有意义和价值。从这个意义上说，科学、合理的体育教学目标，是科学检验体育教学效果、确定客观评价的基础和标准。

（二）体育课程目标与体育教学目标的关系

体育课程与体育教学是小学体育教育的重要组成部分，在进行小学体育教育的过程中，必须客观全面理解二者之间的关系，体育课程目标与体育教学目标并不是相同的，它们之间既有联系，又有区别。

1. 体育课程目标与体育教学目标的联系

首先，体育课程目标和体育教学目标都是以体育教学目的为总目标，都是体育培养目标的具体化，另外体育课程目标和体育教学目标的制定都是以体育培养目标为依据的。

其次，体育课程目标和体育教学目标之间也存在着横向和纵向上的联系。横向上，体育课程目标和体育教学目标的内容有着一定的交集；纵向上，体育课程目标是体育教学目标的上位概念，体育教学目标是体育课程目标的具体化，体育课程目标的实现有赖于体育教学目标的实现。

最后，体育课程目标和体育教学目标都需要内容和行为来支撑，二者之间需要体育课程的水平目标和体育教学的学年教学目标作为衔接点，完成了体育课程的水平目标即代表着学年体育教学目标的完成。

2. 体育课程目标与体育教学目标的区别

①体育课程目标与体育教学目标的概括程度范围不同。体育课程目标是

对体育教学课程的宏观指导，具有方向性的特点；而体育教学目标是对体育教学细节的要求，具有具体化的特点。

②体育课程目标与体育教学目标的指导对象不同。体育课程目标以整个体育课程为指导对象；体育教学目标以具体体育课程的教学过程为指导对象。

③体育课程目标与体育教学目标的实施主体不同。体育课程目标的实施主体涉及人员众多，包括教育管理部门、体育教材与教学参考书的编写者与审核者、学校体育教师及在校学生等。而体育教学目标的实施主体只包括学校体育教师及在校学生。

④体育课程目标与体育教学目标的特点和意义不同。体育课程目标具有方向性和宏观性的特点，不易改变，体现社会的意志和要求；而体育教学目标的具有自主性和具体化的特点，可以根据实际教学情况做出调整和改变，体现的是体育教学工作的要求。

（三）体育教学目标的特点

1. 实践性

体育教学目标因实际教学活动中的课堂角色不同而具有不同的定位，对教师来说是教授目标，对学生来说是学习目标。也就是说，体育教学目标表现为体育教师教学活动所引起的学生终结行为的变化，即着眼于教而落脚于学。

2. 可预测性

体育教学目标为体育教学活动规划方向，能够预测体育教学活动结果，这个预期结果出现在体育教学活动之前。如果体育教学目标较为科学合理，在开展体育教学活动之前，体育教师就能预测活动后学生在掌握体育知识技能和身心发展方面发生了哪些变化，提高了学生哪些方面的素质。体育教学目标是教师开展体育教学活动最初的主观期望，也是其对整个体育教学活动的布局和安排。体育教学是否有效与体育教学目标的制定有很大的关联，这也从侧面证明了体育教学目标的可预测性是其重要特点之一。

3. 科学性

体育教学目标是体育教师经过多次的体育教材研究以及在基本掌握学生情况的基础上而制订出来的体育教学规划，具有一定的严谨性，并且教师还可以根据教学的实际情况灵活地调整教学目标，这在很大程度上符合学校、班级、学生以及体育教师的实际与特点。

4. 整体性

体育教学目标是较为完整的目标体系，既在不同的领域范畴内对应着相应的目标水平，又在目标主线上有着层次分明、逐级递增的结构规划。比如，体育教学目标的横向领域包括运动参与、运动技能、身体健康、心理健康和社会适应不同的方向目标，在纵向梯度上，体育教学目标也涵盖了学年、学期、单元、课时等由大到小的具体目标，体育教学目标在整体上呈现出一个纵横交错，多维立体的目标体系，是一个既相互独立又相互联系的有机整体。

5. 具体性

体育教学目标之所以能与体育课程目标区别开来，其不同点之一就是体育教学目标较为具体，不仅指引着体育教学活动的整体方向，还对活动中的各种教学行为有着具体的指导作用。学生应该学什么，教师应该教什么，体育教学目标都会给予一定的指导。而因其具有可测性，体育教学目标还能够为体育教学评价提供可测量标准，也就是说体育教师的教和学生的学的结果，可以通过一定的方法与手段对其进行测量和客观评价，显示出其应有的价值。

6. 灵活性

体育教学目标是针对具体的教学活动和具体的教学情况所进行的目标规划，如果实际的教学情况有变，教师也会随着情况的变化而对体育教学目标做出一定的调整，显示出体育教学目标的灵活性的特点。具有弹性的教学对于学生的发展有着很大的影响。学生的身心健康可以通过教学目标的实现而获得相应的发展，所以，体育教学目标具有一定的积极意义。

（四）体育课程目标的内容

目前，我国《义务教育义务教育体育与健康课程标准（2011年版）》中，将课程目标内容划分为运动参与、运动技能、身体健康、心理健康与社会适应四个方面的内容。还有学者将体育课程目标分为身体发展领域、认知领域、动作技能领域、情感领域的目标。其实无论怎样划分，各领域对总的目标来说都应当具备逻辑上的合理性，它们彼此之间既要保持并列平行，保证每个目标都更加明确具体，还应相互联系不能脱离整体而存在。

在众多关于目标领域分类的观点中，对我国课程目标研究影响最大的是布卢姆的观点。布卢姆的"教育目标分类学"理论将教育目标的内容分为三大领域：认知领域、情感领域和动作领域，并且对每一个领域都进行了由低到高、由简到难的层次划分，下面以认知领域的目标内容为例进行详细解析。

认知领域的目标内容分为六个等级，分别为识记、理解、应用、分析、综合以及评价。

1. 识记

认知领域的第一层为识记，指的是对知识进行认知并记忆的活动。其中知识不仅包括具体的知识如名词、事实等，还包括抽象的知识如原理、规律等。

要想达到识记目标，需要明确以下四个问题。

①明确学生需要学习的知识量。
②明确学生需要所学知识的精确程度。
③明确学生学习知识的组织方式。
④明确学生所学知识的意义和影响。

在学习知识时，学生可能会在当下记住其中的一小部分，而剩下的部分则需要学生进行反复的记忆，有研究表明实现识记目标最重要的是记忆的心理过程和较为复杂的联想判断过程。

2. 理解

理解就是指领会事物的活动。针对这个等级的目标，体育教师可以通过以下五个方面来检查学生是否领会了知识。

①学生是否知道所交流的内容。
②学生是否领会交流信息中所包含的文字、行为、反应等。
③学生是否能了解交流内容的不同表现形式，比如书面、口头、行为等。
④学生能否用自己的语言解释所交流的观点或概念。
⑤学生能否发现交流观点中互相之间的关系。

3. 应用

应用是指将所学的规则、方法、原理、概念等运用到实际情况中的活动。在教师教授某个抽象知识时，如果学生无需教师的提示或说明，就能够独自掌握该知识并将其应用于适当情境中，就可以说该学生掌握了应用的技能。

4. 分析

分析是指将所学知识进行分解和考察，从而进一步了解各部分间的关系和构成方式的活动。例如：区分事实与假说；鉴别结论与证据；区分相关材料与无关材料；区别已知条件中包含哪些尚未说明的假设；等等。在这一层次中，分析可以具体分为三个步骤：首先，学生可以将知识分解，并将其进行分类；其次，学生可以确定分解后各部分的关系和联系；最后，学生可以按照自己的逻辑和观点进行整合。分析这一等级最重要的作用就是明确知识中各部分要素的相互关系，让材料的组织结构更加清晰，并能详细地阐明其所蕴含的基础理论和基本原理。

5. 综合

综合是指将已有经验中的各个组成部分或各种要素重新组合成一种新的、更清晰的整体或结构的具有独特性和创造性的加工活动。综合从另一角度来说，也可以被称为创造，它强调特性与首创性。

6. 评价

评价是指学生根据内部或外部的标准或准则，对某种观念、作品、答案、方法和资料等的价值做出判断，以评价这些项目的准确、有效、经济及令人满意的程度。

判断和评价的标准或准则，可以是定量的，也可以是定性的；可以由学生自己制定，也可以由别人提出来。

布卢姆所说的内在标准是指一般用来检验工作的正确性的标准。例如，用来判断某种观念、产品、作品、答案等的一致性、逻辑上的精确性及有无内在缺陷的标准，就属于内在标准。所谓外部标准，是指建立在合乎有效性、经济性和实用性要求的基础之上的那些标准。

就个体来说，评价往往是根据事物与自己的关系而进行判断的过程。对个体有用的观念或客体可能会得到很高的评价；对于那些对自己用处不大的客体，则可能得到较低评价或得不到评价。所以，在个体评价中，人们往往将实用性作为一个重要的准则。

作为最高一级的类型，布卢姆认为评价是对一系列学习行为的某种组合，只有完成了前五个步骤，评价才能够发挥其真正的价值，这样的评价才是有效的评价。另外，布卢姆还认识到评价的过程也是获取新知识或领会和应用知识的一种新的尝试过程，或者说评价是新的分析和综合的开端，因此评价并不能被简单地当成认知学习的最后一步，甚至从某一方面来说评价是新一轮认知的起点。

（五）体育教学目标的内容

1. 体育教学目标的外部特征

体育教学目标的外部特征是指针对体育教学内容，体育教学目标所具有的各种属性特质。具体可以分为四点：目标的层次、目标的功能与特性、目标的着眼点及目标承载的文件。

（1）目标的层次

体育教师可以根据体育教学具体的内容划分目标的层次，其中包括：按教育进程划分的学年体育教学目标、学期体育教学目标等；按领域划分的运动参与目标、运动技能目标、身体健康目标、心理健康与社会适应目标；按教育效果划分的课程目标，如增强学生体质和增进学生健康目标、促进学生个性全面发展和个体社会化水平目标、发展学生运动才能和提高学生运动技术水平目标等。

（2）目标的功能与特性

目标的功能与特性实质上就是指目标的具体定位或目标的独特价值。目标的制定需要一定的依据，同时也需要有一定的价值，如果目标与目标之间相互混淆或相互替代，这样的目标就是无效的。目标的功能与特性显示着目标的不可替代性，因此，目标的制定和安排应具有一定的合理性和科学性，体育教师应清楚地明白体育教学目标设定的理由和教学内容，避免出现小目标里包含大目标的情况。

（3）着眼点

从目标制定的角度来看，着眼点就是目标制定的核心，是体育教师依据本阶段学生的发展需要，而制定的一个目标。以学段体育教学目标和单元体育教学目标为例，学段体育教学目标主要围绕"本学段学生的身心发展特点"，这是因为学段体育教学需要从众多的运动教材中选出在这个阶段最适合学生的并且学生可以发展下去的体育项目和目标；而单元体育教学目标则围绕"运动技能学习"，其原因是体育教师要根据学生在单元体育教学中需要锻炼的一定能力进行考量。二者既不能互换，也不能颠倒，它们针对各自要解决的问题有着对应的方法策略。可以这样说，体育教学目标的"着眼点"也是体育教师形象地辨别体育教学目标功能的"观察点"。

（4）搭载的文件

体育教学目标的另外一个明显的外部特征就是不同层次的教学目标所搭载的文件是不同的，大纲类的目标文件不会出现非常具体的目标要求，而具体类的目标文件也不会出现概括性、指向性较强的宏观目标，例如：体育教学大纲中出现单元的体育教学目标或课时的体育教学目标等目标是错误的；教师教案上出现体育教学阶段总目标也是不妥的；等等。因此，体育教学目标所搭载的文件也是体育教师辨别体育教学目标的方式之一。

2. 体育教学目标的内部要素

通俗来说，体育教学目标的内部要素就是将体育教学目标进行更严谨的划分的结果。以学习仰卧起坐为例，如果教师将体育教学目标定为"学习仰卧起坐"，那么这就是一个明显的错误目标，因为，这个目标不仅非常笼统，还无法对目标进行有效的检验和评价；如果将"学习仰卧起坐"理解为"教师教仰卧起坐"和"学生学仰卧起坐"，那么最终学生仰卧起坐的姿势、用力部位、呼吸技巧等要素是否正确不在教学目标的规定范围内，这样的教学目标并不能保证学生进行有效的学习，这样的目标实际上是"管教不管会"的，是不完整的，也是不能指导体育教学实践的。

通过对体育教学目标进行研究，体育教育家认为体育教学目标的内部要素应有三个，即"在什么条件下达成课题""用什么标准来评价""达成什么样的课题"，也可以简称为"条件""标准""课题"。下面是对这三个要素进行的详细讲解。

（1）条件

条件是决定目标难度的重要因素。在学生进行一项体育项目的过程中，教师可以通过改变条件加大或减小运动难度，例如，体育教师可以改变条件来改变短跑练习目标的达成难度，具体示例如下。

①匀速跑。

②快慢交替跑。

③高抬腿快慢交替跑。

④高抬腿高频短距离跑。

（2）标准

标准也是改变目标难度的一个因素，例如，体育教师可以通过改变标准来调整仰卧起坐练习目标的难度，如下面示例。

①借助同伴的力量做仰卧起坐。

②手臂上举，不抱头做仰卧起坐。

③抱头、双膝并拢做仰卧起坐。

（3）课题

体育教师还可以通过改变动作形式来改变目标的难度，以下面平衡练习中的单脚站立课题为例。

①不考虑手的放置位置，进行 15 秒的单脚站立。

②将双手握紧抱住膝盖，进行 15 秒的单脚站立。

③闭紧双眼，进行 15 秒的单脚站立。

④闭紧双眼，将双手握紧抱住膝盖，进行 15 秒的单脚站立。

改变知识和原理理解方面的目标难度也是如此，如下例所示。

①可以将身体各部位简单动作术语中的侧平举用图形标出。此目标是使学生凭借记忆而做出判断。

②可以通过教师指导正确做出侧平举。此目标是使学生将概念运用到实

践中，使其在脑中真正形成侧平举的概念。

③可以在几种身体各部位简单动作术语图形中找出侧平举。此目标是使学生将侧平举与其他动作进行区分，通过找出另外几组动作的不同特点，进一步巩固侧平举的概念。

以上这三个例子层层递进，逐步将侧平举的概念由浅入深、由易到难地"植入"学生脑中。

其实，在体育教学目标中，越处于下位层次的、越具体的目标，其"条件""标准"以及"课题"就会体现得越来越明显。以体育教学目标的层次为例，学年目标、学期目标之类的上层目标的结构并不清晰，而像课时目标、技术点目标这样的下位目标，其目标本身的描述就能使人直接领会其要求，结构也清晰明了。

（六）国内外体育课程目标改革发展趋势

随着人们越来越重视体育教学，体育课程目标的改革也有了明显的进展，体育课程目标的制定越来越科学，越来越符合当代学生的需求，尤其在小学生体育课程目标的制定充分贯彻了以人为本的指导思想，不仅在教学内容上更符合小学生身体素质的发展需要，而且在教学方法、教学思想上也突破原有思维的束缚。体育课程目标的变化不仅仅发生在国内，在国外，体育课程目标也正经历着改革。当前，国内外体育课程目标有如下共同的改革发展趋势。

1. 增强学生体质

在国外，增强学生体质已经成为许多国家体育课程的首要目标，在体育课程中占有十分重要的地位。例如，美国将体育教育目标分为三大类：认知目标、情感目标和运动技能目标。其中认知目标为使学生能够了解身体活动与健康之间的关系；情感目标为使学生能够加强自我意识和加深自我理解；运动技能目标为培养学生参加娱乐活动的运动能力。此外，美国还将保持身体健康所需的身体素质水平看作增强体质最重要的目标。以上举措无一不显露了美国十分重视增强学生体质的这一体育课程目标。除了美国，加拿大、日本、德国也非常重视增强学生体质。这些国家不仅鼓励学生适当参加各种体育活动，在锻炼身体的同时磨炼自己坚强的意志，有的国家还提出促使所有学生健康成长的目标。国外众多国家如此重视体育锻炼很大一部分原因是为了满足现代学生身体发展的需要，体育课程正是以发展学生身体素质为目标的，通过体育锻炼不断提高学生的健康水平，培养学生自觉运动的意识，保持学生体力。因此，增强学生体质是国内外体育课程目标改革发展的趋势之首。

2. 提高学生体育文化素养

随着体育教育理念的不断更新，越来越多的人开始重视学生体育文化素养的提高，体育教师不能只将眼光放在暂时的体育实际效果上，还应看得长远些，将体育文化素养同样作为体育课程的目标之一。这一观点曾被国内外多名学者与专家提及。

国内学者主张学校体育应坚持理论和实际性结合的原则，以德、智、体、美、劳全方面发展为目标，让学生在接受体育教育的同时不仅能获得锻炼身体的实际效果，还能增长体育文化常识，提高体育文化修养，进行身体和心理双方面的健康教育。我国学者认为体育课程的根本职能是为学生保持身体健康和科学锻炼身体提供理论知识和方法的指导，因此体育文化和卫生保健知识应成为体育课程内容的一部分。

国外众多发达国家在提高学生体育文化素养方面也非常重视。例如：美国教师要求学生掌握身体相关方面的知识，以便更好地适应环境，控制自己的身体；德国教师也要求学生学习身体的相关常识，并在实践中更好地掌握这些常识；日本教师不仅会传授有关身体的知识，还会向学生传授各种活动技能，教会学生如何在复杂环境中进行有效的运用。

3. 培养学生对体育的兴趣和爱好

培养学生对体育运动的兴趣和爱好及独立锻炼身体的能力，为终身体育奠定基础，这是各国体育课程改革的一个共同趋势。在美国，相较于提高运动技术，大多数美国的教师更加重视培养体育运动的兴趣和能力。大多数英国教师认为培养学生参加体育活动的兴趣并让他们享受体育活动带来的快乐，能够更好地激发学生长期参加体育锻炼的兴趣和愿望，使其养成坚持体育锻炼的良好生活方式，这是因为只有基于活动参与者的需要，促使其形成良好的自我感觉，参与者才可能产生兴趣，促进目标的达成。除美国外，德国通过使学生将体育课中学到的知识应用到校外，使其更加热爱体育运动；而日本同样也采取了在合理的运动实践过程中，培养学生的运动兴趣的措施，这不仅能提高他们的运动技能，还有助于他们形成一个健康、开朗的生活态度，促使他们更加积极地生活。

4. 三维课程目标受到普遍重视

三维课程目标即知识与能力、过程与方法、情感、态度与价值观三个维度的目标。三维课程目标不是三个目标，而是一个问题的三个方面，它不仅强调需要重视学生体育知识和体育技能的学习，学生的学习过程、学习方法、学习体验以及学生价值观等其他方面的教育同样也需要得到关注。因为三维课程目标具有科学性、全面性和基础性的特点，所以，它不仅是体育课程的价值追求，其他课程也都将它作为课程目标的模板。它摒弃了传统的"以知识为中心"的价值观，知识和技能传授不再是课程和教学的唯一目标和最高目标。

5. 强调适应和发展学生的个性

现在，学生的个性教育逐渐受到越来越多的重视，这一点，在体育课程目标的设置中也体现得非常明显，强调适应和发展学生的个性已经成为国内外体育课程目标改革发展趋势之一。在体育教育中，"个性化"一般体现在以下三个方面。

①教育的人性化和人文化。通过追根溯源可知，个性实际上是"以人为本"理念的产物，在教育中，只有尊重每一位学生的人格，以学生的需要为出发点，根据学生实际需要制定目标，规划教学内容，设置教学环节，完善教学方案，等等，才是真正的"个性化"。

②教育的个别化。现代教育越来越关注学生个体，每一位学生都是独特的个体，他们的身体特征、天赋特长、兴趣爱好以及价值取向互不相同，因此，尊重学生之间的差异，实现教育的个别化，也是"个性化"的具体表现之一。

③教育的特色化。这里的特色可以是培养目标、专业设置的特色，也可以是教学目标、内容、方法、手段的特色，还可以是不同学校、不同学段或不同年级、班级的特色。

体育课程在发挥教育功能的同时还要促进学生个性的形成，它在这方面的意义和作用是其他学科不能替代的。体育教育和品德教育、智力教育及其他素质教育相结合才构成教育的全部，都是不可分割和随意替代的重要部分。

三、我国小学现阶段的体育教学目标

（一）总目标

根据我国现阶段的教育方针和体育与健康课程标准，我国小学现阶段体育教学总目标如下。

①要求学生掌握体育与健康的基本知识、基本技能与方法，增强体能。
②培养学生的体育实践能力和创新精神，学会学习和锻炼。
③使学生体验运动的乐趣和成功，形成体育锻炼的意识与习惯。
④使学生具有良好的心理品质、合作精神和交往能力。
⑤使学生形成健康的生活方式和积极进取、乐观开朗的人生态度。

（二）各学习方面的教学目标

《义务教育体育与健康课程标准（2011年版）》中将体育课程分为运动参与、运动技能、身体健康、心理健康与社会适应四个学习方面，各学习方面的目标如下。

1. 运动参与的目标

①参与体育学习和锻炼。

②体验运动乐趣与成功。

2. 运动技能的目标

①学习体育运动知识。

②掌握运动技能和方法。

③增强安全意识和防范能力。

3. 身体健康的目标

①掌握基本保健知识和方法。

②塑造良好体型和身体姿态。

③全面发展体能与健身能力。

④提高适应自然环境的能力。

4. 心理健康与社会适应的目标

①培养坚强的意志品质。

②学会调控情绪的方法。

③形成合作意识与能力。

④具有良好的体育道德。

第二章 小学体育的教学设计创新

新体育课程基本理念之一是要从关注教师的"教"转变为关注学生的"学",体育教学始终要把学生放在第一位。研究小学体育学习的影响因素是体育教学的重要环节。在此情况之下,小学体育的教学设计创新显得尤为重要。

第一节 小学体育学习的影响因素

一、影响体育学习的教学对象方面的因素

(一)智力因素

人们普遍认为,观察力、注意力、想象力、记忆力、思维力是智力所需的五个基本要素。观察力是人们不断进行智力活动的前提;注意力就像是智力活动所需的组织者和维持者;想象力可以抽象地被理解为智力活动的翅膀;记忆力就像是智力活动的仓库;思维力是智力活动最重要的内容,是智力活动的中枢。能够构成一个有机的整体和动态系统的前提就是以上这五个因素相互联系、相互作用。人们平时经常说某某学生学习体育的悟性好,这里的"悟性"就是指他们的上述能力比一般的学生强。那么这些能力对体育学习到底有着怎样的作用和影响呢?

1. 观察力对体育学习的影响

观察力是指观察、辨别和了解事物的一种能力,在小学生的体育学习中具有重要作用。观察比一般的知觉更为自觉、积极,它往往与有意注意和思维活动相互联系。在观察某一事物的过程中,首先引起人们对活动进行深入研究的是知觉系统,知觉系统使人注意到活动的变化。

在观察的过程中,思维活动还能够帮助人们把活动的主要特征和次要特征区分开,把那些规律性的现象与偶然的现象区分开。所以说,体育学习中发展思维的良好前提是细致的观察。众所周知,观察力是学生智力的重要组

成部分，体育教学的重要任务之一就是培养和提高学生的观察能力。

    2. 注意力在体育学习中的作用

    一般来说，注意力是心理活动对一定对象的指向和集中。注意可分为无意注意、有意注意、有意后注意。这就要求教师要提高学生的有意注意，再慢慢地使之转化为有意后注意。

    什么是有意注意？有意注意是指学生有预定的目的，在一些必要的时候还需做一定意志努力的注意。它在体育学习中的作用主要体现在吸引学生尽快进入学习状态，使其把主要心思放在复习旧课、学习新课上，提高学生对课堂教学内容的关注程度，并为理解掌握新的体育知识打好基础。

    注意力的集中，是学生有效学习的必要条件，这就需要教师综合运用各种教学方法和手段，不断吸引学生的注意力，让他们在课堂上始终保持高涨的学习热情，聚精会神地听讲、思考，积极参与讨论交流，从而取得良好的教学成果。

    在体育教学的过程中，每位教师都应该根据学生的体育兴趣来组织教学活动。教师有时会遇到某些学生因为没有完全集中精力而没有很好地掌握某个动作的情况。这个时候，教师就可以观察一下学生是否集中了注意力。如果学生的注意力不集中，教师可以通过眼神和话语的方式使学生集中注意力不再走神，同时也不会影响其他学生的注意力，这样就能更好地进行教学。经过一段时间之后，学生的有意注意就可以上升为有意后注意。

    3. 想象力在体育学习中的作用

    想象是指人脑对原有表象进行加工改造，建立新形象的心理过程。它在体育学习中具有特殊重要的地位，对学生在学习中提高知识水平、扩大知识面有重要的影响。再造想象是学生掌握动作、运动技能的基础。通过再造想象过程，学生对动作的掌握可以得到巩固而达到自动化。

    再造想象能力越强，动作技能掌握得也就越快、越准确。运用想象训练有利于改进学生的技术，增强学生的动作记忆，提高学生完成动作的质量。

    4. 记忆力在体育学习中的作用

    记忆是指人脑对经历过的事物的反映，记忆是学习过程中的重要心理因素，对历史课程的学习尤为关键。

    在体育学习中，记忆通常表现为一种复杂的综合性记忆，各种记忆掺杂在一起，共同发挥作用。学生头脑中既有运动概念的逻辑记忆，又有示范动作的形象记忆，还有通过身体练习形成的动作记忆，除此之外，通常还有情绪体验的记忆。

5. 思维力在体育学习中的作用

人对客观事物间接的、概括的反映及其过程就是思维，人们通过这个过程来探索和把握事物的一般属性和本质属性。

只有借助思维，感性认知才能上升为理性认知，因此，思维是理解知识的重要心理条件和必要心理因素。在学生的各种智力因素中，思维力是一种核心因素，对学生的学习具有决定性的作用。

在体育学习中，学生在掌握和完成技术动作时，必须要有动作思维的参与，将它与动作的操作过程紧密结合起来。思维训练有利于学生掌握和改进动作技能，有利于其形成清晰的运动表象，能促进其创造性思维能力的形成。

（二）非智力因素

有经验的小学体育教师在备课前总要分析影响体育学习的个体因素和环境因素，他们能够灵活应用体育学习的策略，使学习过程生动、鲜活，提高小学生体育学习的效果。体育教学是由教师的教和学生的学所组成的相互影响的过程，师生之间的影响、默契和融合是良好教学效果的有力保证。

在现实生活中，人们会发现这样一种现象：在一个教师教的一个班中，不同学生体育学习的效果却大不一样，学习差距很悬殊。为什么会产生这种不同的结果呢？原因也许有很多，智力上的差异固然是一个重要因素，但关键因素还是非智力因素，比如学习兴趣、学习动机、学习情愿、学习态度、学习意志、学习习惯等。

1. 兴趣对体育学习的影响

在某一过程中，人力求探究、认识某种事物或从事某种活动的心理倾向就是兴趣。兴趣是推动学生学习体育的内驱力之一，对学生的体育学习具有重要影响。

对体育的兴趣影响着学生体育活动的方向、持续时间、次数和强度，兴趣会将学生愉快的情感和注意力与体育活动紧密地联系在一起，促使学生对体育活动倾注时间和精力。它是学生体育活动主动性、自觉性和积极性的标志，也是学生乐于参加体育活动的主观意向的体现。

体育兴趣是人们心理和行为上对体育活动的倾向，它使人们可以从多种活动中选择感兴趣的体育活动内容或形式。

不同年龄阶段的学生的体育兴趣的变化和分化有所不同，体育兴趣的指向性越来越明确和趋于稳定，并形成个人的中心兴趣。学生对某项活动的兴趣可以促使他们对此倾注更多的时间和精力。体育兴趣具有年龄的特点，高年级学生开始有了体育的专一兴趣。教师应通过教学活动来激发学生对体育的兴趣，主要的激发方法如下。

①成功教学法。学生只有在体育学习活动中不断获得成功的体验，才能激发出体育学习的兴趣。

②愉快教学法。趋乐避苦的欲望是人类的共性，教师要让学生在体育学习过程中不断体验到快乐。

③需要满足法。喜爱运动是儿童、少年的天性，好奇心、争强好胜、爱美等是儿童、少年的心理特点。

④教学"引趣"法。"引趣"的主要做法包括利用新颖教法、教学用语、动作示范、竞赛活动、设置疑难、场地器材和体育信息等。

2. 动机对体育学习的影响

一般来说，动机指的是引起个体活动，并在此基础上，维持已引起的活动，同时使该活动朝着预定目标发展的个体的内部动力。

动机在学生的体育学习中具有直接的、起决定性作用的影响。学习动机主要由内部动因和外部诱因相结合而形成。许多调查研究发现，小学生参加体育学习的动机主要有健康的需要、交际的需要、娱乐的需要、实现与表现自我价值的需要、开展及丰富体育文化活动的需要、提高运动技术水平与终身体育锻炼的需要。在体育学习过程中，只有激发了学生对学习体育的良好动机，个体才能真正具有高度的学习自觉性和积极性。

3. 情感对体育学习的影响

情感作为一种心理过程，是人们对现实对象是否符合自己的需要而产生的主观体验，是人类所独有的，是同人的高级社会性需要相联系的体验，具有长期性和稳固性。

高级的社会情感一般分为友谊感、道德感、美感与理智感。情感是主体认知结构中最活跃的、主体对有意义的客体在头脑中的反映、恒定的以及最富感染力的非智力因素。

为了激发学生的学习兴趣，增加积极、快乐的情感，在体育教学中，教师既要发挥自身情绪的感染力，使课堂变得生动，又要让学生通过尝试得到快乐的感受，在课堂上有所收获，使学生在整个过程中保持学习热情。另外，教师还应充分发挥情感的感化和调节功能，在教学过程中，注意观察学生学习时的情感变化。

4. 态度对体育学习的影响

态度也是影响学生体育学习的重要因素。积极主动的学习态度能够促进学生的体育学习；反之，消极被动的学习态度则会妨碍学生学习。所以，教师应注意引导学生端正体育学习态度，增强其学习信心，提高其学习效率。

5. 意志对体育学习的影响

意志是指人首先要自觉地确定一个目的，之后根据已经设定的目的调节和支配自己的行动，在此基础上克服遇到的困难并实现预定的目的的心理过程。

意志是人类特有的心理现象，也是人类意识能动性的集中表现。在日常生活中，认识是意志产生的基础，情感对意志也有重要的影响，意志也会对认识和情感产生反作用。在体育学习的过程中，学生不能仅仅利用智力，当然只具有动机或只有兴趣、只有情感同样也达不到期望的学习效果，学生必须还要有意志，这些内容缺一不可。

坚强的意志是学习成功最有力的保证，坚强意志不仅可以帮助学生调节和控制自己的情感，而且可以促进其情感和智力的发展，使其不断向着自己既定的目标前进。

在体育学习的过程中，学生可能会因为各种因素产生怕苦怕累、畏惧胆怯的心理。所以，教师在课程中应针对学生的表现因人而异地进行引导和教育，努力培养学生勇于克服困难的意志和品质。良好的意志品质是学生综合素质的体现，也是教学顺利强有力的保障。

6. 习惯对体育学习的影响

习惯是指由于不断重复或练习而得以巩固并变成个体内在需要的一种行动方式。

习惯有好坏之分，对学生的体育学习会产生不同的效果，体育习惯对人而言有不同的定义：体育习惯是特定的情境刺激和个体体育参与活动之间经练习和重复而形成的稳固联系；体育习惯是把体育信念变成体育习性，把体育思想转化为体育活动的过程，是体育锻炼的需要与行为的直接联系。

养成体育习惯要经过漫长的过程。因此，教师在教学中应充分调动学生学习的积极性、主动性、自觉性，有效地发挥动机、兴趣、意志等非智力因素的作用，把掌握技术、技能与非智力因素发展结合起来。教师在教材内容的选择上应讲究科学性、实效性、指导性、适时性，安排具有趣味性、可行性的锻炼内容，让小学生在创新性的学习活动中体验成功的快乐，养成体育锻炼的好习惯。

二、影响体育学习的环境方面的因素

（一）家庭教育环境对体育学习的影响

家庭是社会的细胞，也是孩子成长的摇篮。父母是孩子的第一任老师，作为父母，应该为孩子营造良好的学习氛围，包括学习体育的氛围，让孩子离校不离教，在家庭中也能养成良好的体育锻炼习惯。温馨和睦的家庭是保障孩子学习的可靠后方，是学生成长的最佳基地。

和谐的家庭关系应体现在各家庭成员政治上要求进步、生活上互相关心、工作学习上互相支持，全家有一种为着某种事业而积极奋斗的气氛。处在这种家庭中的学生能随时感受到家庭的温暖，可以从每个成员身上获取支持和力量。家庭为他们的学习提供了安静可靠的环境，他们本人也会有一种蓬勃向上的活力，其体育成绩自然也会较好。

（二）学校教育环境对体育学习的影响

影响小学生体育学习的因素主要是个体因素，但与此同时，外部的环境因素对小学生的体育学习也具有相当重要的作用。学校是学生学习体育的主要阵地，对于多数小学生来说，学习体育的主要渠道是学校的体育课。因此，学校教育环境，包括校园的体育硬件设施、体育文化氛围，所在班级的体育风气，体育教师的教学理念、教学方法和人格魅力，体育课程的设置与教材内容，等等，都对小学生的体育学习有着重要影响。

1. 校园环境对体育学习的影响

环境是小学生学习体育获得体验的载体。校园环境一般包括硬环境和软环境两个方面。硬环境是指学校所处的地理位置、交通条件、占地面积、校园布局、教学建筑设施、教学场地设备、校园景观等外部条件，对学生的体育学习具有潜移默化的影响。

学生都喜欢生活在美丽的校园里，希望这里有漂亮的教学楼、实验楼、艺术楼、图书馆，有宽敞明亮、功能齐全的体育馆，有标准的田径场。总之，他们希望自己运动的地方环境优美、条件优越、景色宜人，能在这里享受运动，享受快乐。试想一下，能在非常美丽的校园里锻炼，学生的心灵世界能不受到美的熏陶吗？

然而，由于受到现实条件的制约，并不是所有学校都能在硬环境上满足达到上述条件，这就必然会造成城乡之间学校的差异，经济发达地区与落后地区的学校之间存在差异，甚至在同一地区的学校也有重点与非重点的区别。这些不同形式的差别势必会对学生的体育学习产生不同程度的影响。

软环境一般是指学校的管理风格、师资水平、办学特色、校园文化等方面。学校的管理风格主要取决于学校领导的办学理念、组织管理能力和决策水平，它在很大程度上决定着学校的发展方向和在社会上的形象与地位，间接影响着学生的学习风气。师资水平主要是指教师队伍的整体结构和执教水平，它对学生的学习和成长会产生至为关键的影响。办学特色是指学校根据校情而做出的正确定位以及进行的特色教育，它对学生选择专业发展方向、发挥个人特长和优势具有重要影响。校园文化是指学校在长期的办学过程中所形成的一种良好的学习风气和独特的文化氛围。例如：设计本校特有的校训、校风、校徽、校旗等；建立校史馆、竖立杰出校友的塑像、宣传本校的光荣历史和办学成就；邀请从本校毕业的体育明星等来校做报告、开讲座，给学生树立榜样；举办体育文化节，搞好校园的体育宣传栏、班级的黑板报、墙报等。以上这些均是开展校园体育文化建设、形成校园体育文化的有效方法。

浓郁的校园体育文化气息有助于培养学生良好的体育学习态度，对学生的体育学习具有很大的推动力。

2. 教师对学生体育学习的影响

（1）师生关系融洽是创造和谐教学环境的首要条件

一些教师在教学过程中，经常当众训斥一些后进的学生，这种做法会挫伤到学生的自尊心和自信心。有些学生未能完成学习目标或违反了课堂秩序，教师就会对其进行一些体罚或是变相的体罚。这种做法严重侮辱了学生的人格，甚至会影响到学生的身心健康。更严重的，一些教师会停止学生练习进程，将其逐出课堂，剥夺学生学习权利。久而久之，学生容易产生逆反心理，故意不完成教师布置的任务。这种师生关系是不健康的，学生上课的兴趣会大打折扣。

如果在学生练习信心不足时，教师给予适当鼓励；在学生进步时，教师给予适当的表扬。这些做法都会让学生感受到温暖。这样一来，师生关系会越来越融洽，学生就容易接受教师的批评和要求，积极地完成老师布置的任务，理解教师的一片苦心，久而久之，就能创造一个良好的教学、学习环境。

师生关系的好坏主要取决于教师，这就要求教师对学生不要有亲疏远近之分，对待全班的同学要一视同仁。教师对待学生要有爱心，尊重和信任学生，深入地了解学生。教师要经常与学生沟通、交流感情，打开学生心灵的窗口，使其产生心理共鸣。

（2）调动学生的积极性与主动性是创设和谐环境的重要条件

首先，在体育教学中，教师要创设各种问题环境，启发学生的思维，善于激发学生创新的兴趣。例如，教师多设计一些教学游戏，在课前向学生介绍游戏的原则和方法，然后可以让学生自己设计，学生往往能创编出很多教材上从未出现过的游戏。同样地，如果教师经常激发学生的主观能动性，课堂氛围一定会更好。

其次，教师也可以通过教学实践，让学生体会自己对教学进度和对其他学生的影响。学生只有参与教学实践中，才能充分地发挥聪明才智。教师可以在教学过程中模拟实际的比赛项目，以使大多数的学生都能开动脑筋参与教学中来；再让做得较好的学生示范动作，并且教师加以提示，这样既给了学生自我表现的机会，同时也对其他学生起到了激励作用。

再次，教师在学生练习过程中应培养学生的顽强意志，使其克服学习中的困难。教师在教学过程中应积极地创造条件，设置一些困难，让学生能够努力完成目标。教师要面向全体学生，切实地关怀每一位学生，让每一位学生都成为学习上的成功者，获得成功的经验。例如，在跳远课的实际教学中，教师可以先进行基本的动作示范，接下来，针对掌握动作和提高跳跃能力的过程，就要安排学生自己练习；也可以在练习过程中设置不同难度，摆放不同的器械，让学生考虑自己的实际情况，自己进行选择。这样就能在满足学生个体需求的同时，让每位学生都能正视自己，发现差距，然后使自己的学习效率提高，从而体验成功的乐趣。成功的心理体验可以使每一位学生都形成良好的心态，增强自信心和自尊心，久而久之，就能使学生热爱运动，养成热爱锻炼的良好习惯。

最后，教师要正确合理地评价学生，这对练习有着积极的影响。教师将学生的自我评价、小组评价与教师评价结合起来。教师要时刻注意学生的进步程度，观察学生在锻炼过程中的进步。比如，个别学生的成绩虽然有些落后，但是在练习的过程中，他们都在积极认真地练习，教师就应该及时发现并加以表扬，肯定学生积极的学习态度，评价的时候更要切合学生的实际，进行综合评价。

实践表明，只有学生的主动性和积极性被调动起来后，学生才会以轻松的心情投入课堂学习，这样一来，课堂的气氛就能得到很大改善。

（3）教师在教材内容的选择上应立足于学生生理和心理特点

在安排教学内容时，教师要根据学生的生理和心理特点；在内容讲解上，要做到通俗易懂、层次清楚；动作示范要准确，同时要突出重点和难点。在此基础上，教师应再通过趣味性、娱乐性和情景化的教学活动，运用多种教学方法和手段，最大限度地创造体育课堂的空间，使学生处于和谐的环境之中。

和谐的环境能够在学生体育学习的过程中让学生全身心地投入学习之中，有利于真正完成体育教学的目标，提高课堂教学质量，为实现终身体育打下良好的基础。

（三）社会教育环境对体育学习的影响

学生除了接受家庭教育和学校教育的直接影响之外，还会受到来自社会大环境方面的影响。大到国家对体育教育政策的导向，地方政府教育主管部门的行政干预，小到一档体育电视节目和广播的广泛传播，都或多或少会对学生的体育学习产生影响。陶行知先生曾说过："到处是生活，即到处是教育；整个的社会是生活的场所，亦即教育之场所。"因此，可以说社会即学校。

第二节 小学体育的教学设计

一、小学体育教学设计最新动态

中国基础教育体育课程改革已经历了十多年的时间。在这十年多的时间里，国内研究体育教学设计、创新教学多种设计的案例层出不穷，笔者在参加各种体育教学活动与平时的理论学习中，对当今国内小学体育教学设计的模式做了分析，发现国内体育教学设计的最新动态。

（一）层次分明和目的明确

教学设计与教案应层次分明，目的明确。一般情况下，一份好的教学设计和一份好的教案，是在同一时间内同步完成的。

（二）教学单元的形式出现

教学设计与教案的编写以一个教学单元的形式出现，这是当今教学设计与教案编写的创新。因为，一节课在一般情况下不是一个完整的教学过程。现在的小学体育教学应是完整的、系统的、连贯的，因此，教学设计与教案编写也在向着上述方向发展。

（三）注重模式和体现特点

体育教学设计应在教学过程中既注重固定的模式，又体现任课体育教师的个性特点。体育教学设计的内容有本课指导思想、学情分析、场地器材、本课设计的主要步骤、运动负荷预计等常规内容。这里说的体育教师的个性特点是指，教师根据上节课教学内容情况与之前教本年级学生、本项教学内容的经验，提出本课可能会出现的问题并设计新的教学步骤，事先预计可能发生的技术、思想等方面的问题。

（四）理论联系实际

教学设计与教案编写应突出理论与实际的联系，在体育教学设计与教案编写的过程中，教师一定要明白一个最简单的道理，那就是一定要坚持走理论与实践相结合的道路。

体育教师应能对各项练习的时间、次数及强度做出科学的具体安排，真正做到教学设计科学，教学分段合理，教学组织严密，教学方法有效，教学步骤清晰，运动负荷适宜；场地、器材、教具及现代教育技术手段的利用应经济、实用、有效，符合小学体育教学的实际需要。

一节好的体育课是要建立在好的教案编写与好的教学设计的基础上的，那么笔者重点就来研究什么是教学设计，教学设计包括什么内容，如何进行有效的教学设计。

二、体育小学课程的教学设计

小学体育课的教学设计是指教师在上一节课前，根据学校的场地器材条件、所选择的教学内容、所教年级的学生实情，在分析体育教学中存在的问题时，充分运用体育教学原理与系统的教学方法，设计教学目标、教学重点、教学难点、教学步骤，从而确立解决教学问题的各种适合全体学生学练目标的策略方案、评价措施，以及上好本课的指导思想、教学方法手段、教学组织意图等方面的内容。

（一）小学体育课程教学设计的特点

小学课程教学设计在强调教学内容时注重教学内容的游戏性、范例性、活动性和选择性。为了兼顾到这些特点，教师在教学的过程中应多教授生动形象又活泼的练习动作。教师用书中有很多图，比如活动场景图和动作过程示意图，还有技术原理图，这些图也都带有学习和生活的趣味。示例性的教材内容为教师和学生提供自主选择的余地和发展的空间。很多教材都提供了很多相关教材内容的"教学案例"，这又为教师组合教材内容和创造性的选择拓宽了思路。

（二）小学体育教学设计依据

进行每一节优秀的体育课的教学设计都是一项复杂而又细致的创造性工

作，教师在进行教学设计时必须综合的考虑多种因素。小学体育教学设计的主要依据如下。

1. 现代教学理论

所谓理论就是指一个人在阐述一个问题时要有理，在讲一个问题时要有论点、观点，最终形成自己的教学思想、教育理念、体育思想、体育理论，有理论、有实践才能产生新的教学设计火花。

要使教学设计由经验层次上升到理性、科学层次，离不开理论的指导。教学实践证明，教师在课堂中的随意发挥会影响教学质量，教学时会局限于经验化处理，使教学结果不理想。教师在追求教学效果最优化时首先要自觉地运用科学的理论来指导教学设计。

2. 系统科学的原理与方法

系统科学的方法首先要求把系统的研究对象放在系统的形式中，在研究的过程中，从系统的观点出发。要取得问题的最佳解决效果就要从系统和要素、要素和要素之间的相互联系和相互作用的关系中综合地、精确地考察对象。

系统方法把重点放在分析客体的整体属性上。教学系统是由多种教学要素构成的，是一个复杂系统，各教学要素间存在着密切的联系。

在进行教学设计过程中，用系统的方法指导自己的工作，并在此基础上不断提高教学设计水平，是教师应自觉遵循的系统科学的基本原理。

3. 教学的实际需要

教学设计的意义就在于满足教学活动的实际需要，从根本上来说，教学设计要为实现这种需要提供最优的行动方案。所以，教学设计要依据于教学活动的实际需要。

教学活动的实际需要集中体现在具体的教学过程的任务和目标中。在进行每次的教学设计时，教师首先要做的是明确教学任务和教学目标，并在此基础上对以上内容进行认真的分析，努力符合可操作的具体要求；同时要综合考虑各种教学因素，选择与确定教学措施和评价手段是必要的。

4. 学生的特点

既关心"教"又关心"学"，是教学设计的基本特征之一。课堂教学立足于教师和学生双方的共同活动，这个活动过程必须存在着教师的"教"以及学生的"学"。"学"是"教"的依据和出发点，"教"就是为了"学"，教师在"教"的过程中必须通过学生的积极主动的"学"才能起到最大的作用。

许多的教学实践证明，课堂如果缺乏学生的积极性，是不能收到好的教学效果的。教师除了要从"教"的角度考虑问题，在实际的教学设计过程中还需要认真对待学生身心发展的特点和规律，这也是教学设计的一个重要依据。换句话说，教师在决定教什么和如何教时要全面地考虑到学生的学习需求、认知规律和学习兴趣，立足于辅助、激发、促进学生的学习。

5. 教师的教学经验

每一个成功的教学设计方案往往都凝聚着教师个人的经验、智慧和风格。教学设计的过程也是教师个体创造性劳动的过程。形成教学个性及教学艺术性的重要基础是教师的教学经验、智慧和风格，这些是使课堂教学丰富多彩、教学活动生动活泼的基本条件。好的教学经验往往可以在课堂教学中弥补一些教学理论的不足，因为好的教学经验是教师在长期的教学实践中总结出来的，是规律性的东西，能够帮助教师取得更好的教学效果。因此，教学经验也是教师在进行教学设计时的重要依据之一。

虽然教学经验很重要，但在进行教学设计时，教师并不能完全依据经验行事，而要正确对待教学经验。在实际教学中，将科学的理论和方法与教学经验相结合才能使教学设计既有共性又有个性，最终达到科学性和艺术性的有机统一。

（三）小学体育教学设计常见的问题

小学体育教学设计常见的问题包括：教学过程分段设计不合理；教学步骤设计不清晰；教学组织设计不严密；教学方法设计没有效；运动负荷设计不适宜；器材设计不巧妙。

由于上述问题，小学体育教学具有随意性、盲目性、经验性的特征，而不具有系统性、独特性、创造性。

（四）有效实施教学设计的措施

1. 合理设计教学分段

体育学科的本质特点之一就是教师要教会学生锻炼身体的方法和教会学生运动技术，这是体育学科性质所决定的。因此，"在学习运动技术的过程中不断发展学生身体和提高锻炼身体的能力"是体育教学过程的目的和本质。体育课堂教学的分段可以运动技术学习的合理步骤来作为依据，以使学生在持续不断的身体锻炼过程中学会、学好运动技术和锻炼身体的方法。

2. 根据小学生的特点设计分段教学的形式

针对小学生特点采用相应的方式进行训练和教学，可以充分满足学生的学习需求，进而取得理想的教学效果。

3. 不断地改变练习的方式

教材的种类很多，教师在教学过程中，选择适当的教材尤为重要；同时，更要不断地改变练习方式，根据教材的不同特点制订不同的教学设计方案。

4. 根据教材特点设计教学方式

教材上的知识难免枯燥和死板，这就要求教师要根据教材枯燥、难度大、的特点设计灵活的教学方式。

5. 根据项目的特点设置时间

学生一个项目的练习时间分段一般为小学 7～12 分钟、中学 10～20 分钟。

6. 根据学练阶段特点进行评价分段

要形成自然有序的内容安排和评价分段，就要根据学生情况灵活推进、合理调整、掌握好节奏、拿捏好轻重。根据学练阶段特点进行评价分段是教学设计的重要内容。

7. 与时俱进

教师要跟上时代的步伐，不断地对小学体育教学进行探索与研究，不要错过参加各种教研活动的机会，制订教学设计方案要体现新课改理念；模仿他人优秀的教学设计案例，并结合本校实际修改与试验；在研究他人优秀教学设计案例的基础上，对照自己的教学设计，从中找出问题，使自己的教学设计富有创新性；不断地反思自己预定的教学设计，请教专家学者，并与有经验的老教师、优秀教师交流，使自己的教学设计更富有可操作性。

制订有效的体育教学设计方案是一个不断发展变化的动态过程。学习无止境，攀登无高峰，体育教师应为追求有效、实效、高效的体育教学设计而努力。

（五）小学体育课程教学设计的主要内容

1. 教学组织设计

教学组织的设计要严密，"教学组织"有时与"教学设计"是同样的含义，比较宽泛。这里的"教学组织"的含义是教学中的学习管理与行动指挥。针对教学组织，体育教师要精心设计，在设计中使学习管理和行动指挥在体育教学达到高效、有序、和谐、安全的效果。

（1）高效

体育教学组织设计必须要体现"效益"的概念和观点，要在教学过程中提倡"有效和高效"。教学组织设计应包含更多的运动技术与更多的身体锻炼，让学生体验到更多成功的乐趣，这样才能在每一个单元和每节课中使学生获得更多的知识。

（2）有序

一个好的、完整的体育教学过程不可以杂乱无章，更不可以出现不得已中断的现象。这里的有序指的是教学的过程要有逻辑性。在实际的教学过程中，在运动技术和身体锻炼的逻辑性的基础上，使教学的程序变得严格有序、科学合理，教学的过程才能如同行云流水一般，一气呵成。

（3）和谐

"和谐"体现在能够处理好现实中的各种关系和矛盾，例如：在人际关系方面能促进师生关系和生生关系的和谐；在发展方面能促进教学和锻炼的和谐，练习和思考的和谐；等等。

（4）安全

保证学生的运动安全的最低要求是使学生从事安全的运动；最高的要求就是让学生进行有一定危险性的活动，但能够自主地保证安全，最重要的是培养学生的安全意识。

2. 教学方法的设计

教学方法是体育教学设计的主要内容，判断教学方法优劣的标准就是，教学方法一定要有效。

（1）讲解与示范巧妙结合

有效的讲解能使学生听明白要点，使课堂上的内容变得简单易懂，特别是动作的讲解符合学生的身体感受。正确的示范能够使学生看清楚动作的顺序和要点，在头脑中就有了清晰的、想去模仿的正确表象。体育教师在实际教学过程中，应将讲解与示范巧妙得结合起来，这样会收到事半功倍的效果。

（2）合作探究学习

在设计教学方法时，教师要适时地运用合作探究学习的方法，把合作学习与探究学习安排在一起，使学生真正融入集体的学习活动中，并在融入集体的过程中，依靠集体的智慧和相互帮助取得进步。

（3）创新教学评价

教师在进行教学方法设计时，在评价上要有所创新，使学生在被评价后受到鼓舞，并通过评价使学生学练情绪十分高涨。另外，教师要设计合理的批评方法，使学生在受到批评后感到自责，同时要注意批评的语言和内容，并通过批评让学生发现不足。

3. 运动负荷的设计

体育课需要有适宜的运动负荷和练习密度,体育课内容不同,其适宜的运动负荷也不相同。所以,体育教师在设计体育课负荷时要遵循四个的原则:第一,安全的运动;第二,科学的运动;第三,健康的运动;第四,快乐的运动。

4. 器材的使用与场地设计

①对于场地器材,一定要做到一物多用。
②器材应达到安全卫生要求。
③场地设计要美观(场地新颖美观)。

(六)编写体育教学计划

体育教学计划是体育教师有目的、有计划地组织实施课堂教学的一个主要依据,它是克服教学盲目性、片面性和随意性以及实现四个目标的保证,这四个目标分别是运动参与目标、运动技能目标、身体健康目标、心理健康与社会适应目标。

体育教学计划多种多样,学校体育教学工作计划主要有学年教学工作计划、学期教学工作计划(教学进度)、单元教学工作计划和课时工作计划(教案)四种。

1. 制订学年教学工作计划

学年教学工作计划是以年级为单位的,也被称为年度教学工作计划,它依据国家规定的课程标准,结合学校实际和学生年龄特点,对全年教学内容和考核项目进行规划,是制订学期教学计划和其他教学计划的依据。制订学年教学工作计划的步骤如下。

①分析研究学生的基本情况,加强计划的针对性。教师要尽可能多了解学生的情况,这样做有利于制订教学计划,尤其是在安排教学内容时,教师要充分考虑学生的接受能力,包括学生的认知能力和动作基础。除此之外,教师还可以通过体能检测的结果以及和学生聊天询问等方式来了解学生的身心与心理情况。通过长时间的观察和了解所得的这些情况,都是制订学年教学工作计划的有效资源和依据。因此,在制订学年教学工作计划时,从了解和研究学生入手,有助于教师根据教材的特点,将内容合理地分配到学生学习的过程中,对于提高教学计划的针对性和教学质量,具有很好的实际意义。

②在选择教材时,根据教材的难易程度和教学需要,合理分析教材的用

处，确定各项教材的授课时数。

③依据体育课程标准的要求，选定教学内容。课程标准对各级目标的要求是制订教学计划的主要依据，是统领和选编各学段教学活动或内容的依据。正是因为如此，在制订教学计划时，教师要充分地研究课程标准，首先要悉心研究领会课程标准目标和水平目标的指导思想，充分理解理念含义及目标之间的相互关系，并依据目标要求选定相应的教学内容。

④深入研究教学内容的性质和特点，分配好教学内容。教师不能凭主观意愿随意安排学段各领域中的教学内容，而要根据不同的学段领域和水平目标选定教学内容。因此，在制订教学计划时，教师首先要对教材进行深入研究，在掌握好教材性质、特点和目标属性的基础上，再合理地把教学内容分配到学生的学习过程中，做到目标明确，分量适宜，难易程度适当。

⑤根据学年、每周授课时数和季节规律规划和分析，分配好两个学期的教学内容。

2. 制订学期教学工作计划

学期教学工作计划是依据学年教学工作计划安排的教学内容，需要教师结合季节、气候特点和学校实际情况来制订，也被称为教学进度计划。它是制订单元和课时教学计划的依据。

3. 制订单元教学工作计划

单元教学工作计划的制订是有一定的依据的，其依据主要是学期教学计划的教学内容和活动目标，有助于教师有计划、有秩序地进行教学活动，从而保证教学目标的实现。

4. 制订课时教学工作计划

制订课时教学工作计划的步骤如下。

①依据不同学段领域和水平目标的要求，按照学年、学期、单元教学工作计划中该项教材的课时规定，提出每次课的目标要求和教学重点。

②结合学生的情况和教学设备条件，安排教法步骤并组织措施。

③在课时结束时进行终结性评价。

（七）编写小学体育教案

体育课程强调课堂教学要坚持以学生为中心，教案的格式不拘泥于形式，备课应从"备教材"向"备人才"的方向转移。

教案是教师依据学段水平目标的规定和教学进度安排制订的教学方案，是组织课堂教学的基本依据。

教案的主要内容包括教学目标、教学内容、教学组织形式、教学方法、练习时间与次数等几个方面。

教师要精心设计教案，悉心备课，确保教学计划和教学目标的有效实施和实现。体育教师应结合教学实际，根据教学工作计划和教学进度，编写合理的教案，这是对教师最基本的要求。

认真编写教案和严格执行教案是非常必要的，目的是有计划地进行教学，便于检查教学效果，提高教学质量。在实际编写教案的时候，教师可根据个人的教学经验和实际课程的需要情况而灵活编写。

1. 编写教案前的准备

编写教案是备课过程中的重要组成部分，与此同时也是备课的最后结果。所以这就要求教师在编写教案前要准备充分，根据实际情况来写。在编写教案前，教师应做好以下准备。

首先，教师要了解教学对象的情况。教师要了解学生的情况包括学生的思想、纪律、体质、技术基础和人数等。

其次，教师要按照教学计划安排教材。教师在编写教案前要深入钻研，充分了解情况，明确教材的性质、作用、技术重点和难点，同时要了解本教材与其他教材的纵横关系。在此基础上，教师再根据主教材的性质、特点，选择辅助教材，并安排好练习的顺序。

再次，教师要安排整堂课的教学顺序。教师要仔细考虑每项教学内容的练习时间、次数和要求，根据课程的任务、教材内容、学生特点和场地设备等条件，组织练习形式，布置场地设备以及安全措施。

最后，教师在教学教法上，不仅要明确如何在课堂中进行讲解示范，还要考虑如何进行合理的分解练习和完整练习，在教学内容的其他活动中如何组织教学比赛，如何结合教材进行思想教育，等等。

2. 编写教案的要求

（1）任务要明确具体

教师在编写教案时要明确课程的主要任务，这样做有利于引导学生自主选择练习内容、自主参与动作演练、自我感受活动过程、主动探索练习方法，并使其在参与中获得积极的运动体验。

（2）教材选择要恰当

为了让学生自己努力探究、发现自己感兴趣的学习内容，许多教材中有很多的教学案例都会给学生留有自主学习的时间和空间。所以教师在选择要使用的教材时一定要考虑到学生的学习内容、难易程度、学习进程，选择能充分展示学生才能的教材。

（3）教学步骤要有条理

教法可行，组织严密，是教学教案设计的基本要求，所以，教师应在管理好班级秩序的基础上，严格遵守教学步骤，安全有序地指导练习。

（4）要落实教育和安全措施

在体育教学过程中，学生很多时候都需要做一些危险性的动作，或者会用到一些器械。所以，教师在编写教案时要充分考虑到安全措施，指导学生做好专门性准备活动，对其进行专业性的指导和教学，特别应重视头、颈、肩、腰、腕、踝等部位的活动。

（5）贯彻因人而异的原则

教师在教学过程中要关注每一位学生，教材、教法需因人而异，使课上人人有所收获，重视学生个体差异和不同需求，在教学过程中，贯彻因人而异的原则。教师要因材施教，就不能忽略每一位学生，应关注每一位学生的特点，在编写教案时，就要针对不同的学生编写不同的教学计划，体现因人而异的原则。

（6）注重讲解的过程

讲解的过程要考虑讲解示范的时机、步骤、位置。教师在讲解时，还要讲清楚动作重点和难点，防止主观臆断。教师要钻研每一节课的特点，什么环节用多少时间，什么方式怎么精讲，这些都是在编写教案时，需要考虑的问题。

在编写讲解部分的教案时，教师还要善于运用术语，例如：在刚开始讲解的时候，可以结合图片讲解动作的术语，使学生有一个关于动作术语初步的形象概念；在演示的过程中，可以结合动作，重点提示学生动作术语，让学生明白"是什么名称""身体的各个部位该怎样做"；在练习中，可以通过提示，让学生根据术语做出动作，使他们建立从术语到动作的联系。

（7）明确教学所需的条件

教学所需的条件主要是学生做练习的队形，以及练习的次数、时间和场地设备等。在教案中最好用文字或图形反映出以上的这些内容，对于刚参加教学工作不久的教师，教案写得周密一些能够避免出现临场忙乱，以至于影响教学效果的情况。

3.教案的基本结构

（1）开始部分

教师在教案的开始部分应写明上课的准备，包括整队集合的队形、布置课的任务、提出本课的要求及注意事项等；写明每次课的任务与目标，明确地提出教育任务。

（2）准备部分

在教案的准备部分，教师应写明采用的练习方法、练习形式、练习内容；要写明一般性准备活动的内容、要求、时间、次数；如果有需要的话，还应根据技术教学的主要内容，写明专项准备活动或练习的内容、要求、时间及次数等。

（3）基本部分

这一部分需要教师写清楚整体的内容，包括教学的步骤、方法、手段、运动量、密度，练习的组织形式、次数，讲解、示范的时机与要求，纠正错误方法，安全措施，思想教育的具体措施，等等，并要做好时间分配。

（4）结束部分

结束部分主要是对一堂课完成各项任务的情况的学结，教师要在这一部分写清楚布置的作业，并写出存在的问题。

4. 体育课程的教案改革趋势

减轻教师负担，提高灵活性和应变能力最有效果的方式就是简化教案。未来教案将关注如何设置学生的学习目标，教师如何帮助学生去实现学习目标，以及使学生达到目标需要选取的学习内容和方法。因此，一个行之有效的方法是采取单元形式的备课教案。

（八）编写小学体育学案

编写学案的目的在于在上好每一堂课之前充分准备，以便教师能够有目的、有步骤、系统地进行教学，有利于提高教学效果。备课的过程包括了很多内容，编写教案是备课过程中的重要组成部分，也是备课的最后结果，编写学案同样是课前准备的重要环节。

突出问题探究是体育学案的最主要的特点，教师编写的体育学案应帮助学生从理论阐述中掌握技术动作的关键，能起到"以问拓思，因问造势"的作用。另外，知识整理是必不可少的内容，也是整个体育学案的重点。体育学案的初步目标是让学生对所学的体育知识进行整理归纳、分析和综合，最终形成一个完整的科学体系。

强调阅读思考是体育学案的特色，教师编写的体育学案应能激发学生兴趣，开阔学生视野，并根据所学内容进行阅读思考。

注重练习是体育学案的重点和着力点。教师在编写体育学案时应重点强调让学生独立进行针对性强的身体练习，在探索整理的基础上，对探索性的问题进行分析解剖、讨论探索、实践验证。这样在优化学生的认知结构，培养其创新能力的同时，可以通过练习巩固其知识、使其掌握方法和培养其技能。

第三章 小学体育的教学策略和方法创新

小学体育教学方法是否恰当有效是评价小学体育课堂教学质量高低的重要标准。因此，体育教师应运用合适的教学策略和方法，开展高质量的体育课堂教学，以促进小学生的全面发展。

第一节 小学低年级体育教学方法创新

一、小学低年级体育教学方法创新

（一）直观教学法

直观教学法是一种让学生直接接触到教学内容的教学方法。通过学生的感知能力，学生能相对快速地理解新内容与做出相应的动作。直观教学法的运用形式包括动作示范、多媒体展示、教具演示、条件诱导等。

（二）完整教学法

完整教学法是指自动作开始到结束，完整教学与练习的方法。完整教学法能保证动作的连贯性与协调性，展现出动作的协调和优美，但在遇到难度较大的动作时，学生可能对动作理解产生偏差，使得对动作掌握的程度较低。

在运用完整教学法时，教师应应注意以下几点：①对于相对简单的动作，体育教师可直接采取完整教学法；②对于难以分解的动作，体育教师应对动作进行深入分析，把握动作的细节与整体性；③对于难度较大的动作，体育教师应根据学生实际，适当降低难度，还可采取完整教学法与分解教学法相结合的形式进行教学。

（三）游戏教学法

游戏教学法即教师借助游戏带动学生参与活动从而达成教学目标的方法。游戏教学法强调根据教学目标与学生实际情况制定游戏规则，能充分调动学生的积极性、主动性和创造性，提高学生自我控制能力，使学生树立良好的合作和竞争意识。

在运用游戏教学法时，教师应注意以下几点：①密切联系教学目标与学生的实际掌握情况，制定合理的游戏规则和游戏内容，保证游戏安全性和可行性；②充分调动学生的主动性，培养学生自觉遵守规则的意识，鼓励学生创造新游戏形式；③根据学生的具体表现进行公正的评判。

（四）竞赛教学法

竞赛教学法即教师借助体育竞赛的形式指导学生完成体育练习。竞赛教学法能使学生集中注意力，充分调动学生的积极性，有效锻炼学生的运动能力。教师在日常体育教学和体育测验中都可采用竞赛教学法。

（五）预防与纠正教学法

预防与纠正教学法是教师根据学生在练习中出现的错误或可能会出现的错误，进行纠正并避免错误再次出现的教学方法。体育教师通过预防和纠正，能降低学生出现错误的频率。体育教师应预防学生可能会出现的错误动作，把错误消灭在产生之前，在学生产生错误动作后，还应采取措施进行纠正。

二、小学低年级体育教学方法优化组合

（一）体育教学方法优化组合的原则

1. 最优性原则

不同的教学方法，其特征、应用范围、作用也不尽相同。体育教学方法多种多样，每种教学方法都有其优势和劣势，因此体育教师在优化组合教学方法时，应联系实际情况，尽可能展现不同类型教学方法的优势，发挥体育教学方法的整体功能。

2. 统一性原则

统一性原则是指在教学活动中，体育教师应充分发挥教学方法的作用，避免出现学生发展不均衡的问题。体育教师在选择优化教学方法时，要将"教"和"学"有机统一起来。如果只侧重于其中一个方面，就难以保证教学活动的实际效果。

3. 启发性原则

无论选择哪种教学方法，体育教师都应遵循启发性原则，充分调动学生的主动性，启发学生积极思考，成为自觉探究的践行者，保证学生的自主意识得到充分发展，进而提高学生的综合素质。

4. 创造性原则

教师在优化组合教学方法时应遵循创造性原则，不仅要充分发挥自身的创造力，对教学方法进行自主创新，并将其应用到教学实践中，实现体育教学方法作用的最大化，还要充分挖掘学生的创造力，培养学生的创新意识，以获得良好的教学效果。

5. 灵活性原则

课堂教学是动态的，课前设计的教学方案、优化组合的教学方法在体育教学实践中可能会产生许多问题，这就要求体育教师能灵活变通，根据教学的实际情况，灵活运用教学方法。

（二）体育教学方法优化组合的程序

1. 深刻理解教学任务

体育教师在选择教学方法时，应深刻理解教学任务，参照教学目标，根据教学方案选取恰当的教学方法进行优化组合。

2. 深入理解教学方法

体育教师应深入认识和分析各种教学方法，充分了解各种体育教学方法适用的情况，以及各种体育教学方法的优点和不足之处，并制订细节表，根据分析选定教学方法进行优化组合，进而将之应用到教学实践中。

3. 参照教学实际状况

体育教师除要深刻理解教学任务和教学方法，提出教学的整体设想外，还要根据课堂教学的实际情况，考虑体育教学方法的适用性。体育教师应能根据教学情况灵活应变，采取最恰当的教学方法。

4. 实施和评价教学方法

体育教师在将优化组合的教学方法应用到教学实践后，还应根据学生的反馈信息了解体育教学方法的最终效果，对反馈信息进行整理和分析，调整和修正各种教学方法，从而提高课堂教学质量。在体育教学过程中，体育教师应不断总结经验，听取学生的建议，为体育教学方法的优化注入活力。

第二节 小学中年级体育教学策略和方法创新

一、小学中年级学生的学段特点

三、四年级的学生活泼好动，乐于参与体育活动，对动作掌握较快，是身体的协调和灵活性发展的好时期。在这一阶段，教师既要加强学生对于运动技能的学习，又要注意其身体和心理健康教育，教会学生锻炼方法，使其养成进行体育锻炼的好习惯。

二、小学中年级体育有效教学策略

（一）分析教学背景

分析教学背景主要是指通过各种途径了解学情，即了解学生的知识基础、学习态度、性格特点、身心发展状况等，可通过以下途径来了解。

1. 实地观察

为了解学情，体育教师应花费一定时间进行实地观察。体育教师首先应制订详细的计划，进入学生的学习环境，深入观察目标学生的态度、行为和言语等方面，从而获得学生在体育学习中的相关信息。

2. 问卷调查

问卷调查可以使教师在较短的时间内掌握学生的学情信息。体育教师应设计封闭性问题和开放性问题。对于封闭性问题，学生应根据实际情况进行作答；对于开放性问题，学生可以自由发挥，根据自己的想法自由回答。

3. 作业与测验

作业与测验主要有两种形式，即成绩测验与能力测验。体育教师能通过作业和测验的结果，了解到学生体育学习的成效，即学生对已学知识的掌握情况，并可以根据检验结果预测学生的后续学习，即学生是否具备了一定的知识经验来学习新内容。

4. 访谈

实地观察和测验等方式主要是通过学生的外显行为对学生的学情信息形成一定认识，教师难以了解学生内隐的心理活动。此时，体育教师可以通过对学生进行访谈，以直接的方式了解学生的心理活动，从而对学生的内隐活动形成明确的认知。

5. 经验判断

经验判断主要是体育教师利用自身的教学经验对学生的学情进行判断。经验判断法看似易于操作，但很多因素都会影响到这一方法的实施。例如：体育教师的教学经验会影响经验判断法的使用，一般来说，经验丰富的教师更适合使用经验判断法；认知因素也会影响到经验判断法的实施，如思维定式、晕轮效应等可能会使体育教师片面或错误地判断学情；不同班级的学习情况不同，同一班级内不同学生的学习状况也不同，因此学生自身的因素会影响经验判断法的实效性和准确性，使体育教师难以准确判断。

经验判断法是教师了解学情时常用的一种方法，但该方法的使用要求较高，因此体育教师应根据自身情况综合使用以上方法，从而获得准确、全面的学情信息。

（二）设定教学目标

体育教师在设计体育教学目标时，要根据体育课程目标、体育教学内容以及学生的学情来确定。体育教学目标的设计应依托体育课程目标，符合学生的学情。设计体育教学目标时应考虑以下几个方面。

第一，确定可观察的学习结果。体育教师要准确表述教学目标，以可观察、评价的外显行为来表现教学目标，如教师在用表示动作的动词来表达教学目标时，要避免使用模糊的词语。

第二，确定学习结果产生的条件。学习条件影响学习结果，因此体育教师应充分考虑影响学习结果的特定条件，如教学设备、教学环境、教学材料等资源，在设计体育教学目标时，应明确指出这些特定条件。

第三，明确学生达到体育教学目标所需的行为表现水平。为判断学生是否达到体育教学目标，体育教师应制定明确的判断依据，再将学生的行为表现水平与判断依据进行对照以确定其是否达到教学目标。例如：学生在规定时间内对学习任务的完成情况；学生对学习任务的准确掌握情况；学生进行创造性学习的情况；等等。

（三）开发课程资源

体育教师应开发课程资源，充分研读教材和其他课程资源，以提高教学质量，实现有效教学。体育课程资源开发的步骤如下。

1. 选择

选择即体育教师根据教学目标，挑选恰当的体育课程资源。体育教师对课程资源的选择具体包括：对教材、参考书的选择；对课堂教学内容的选择；对课堂教学重点、难点的选择；对教学活动的选择；对教学方法的选择；等等。

2. 删减

删减即删除体育课程资源中不符合社会发展需求和学生实际情况的内容。由于课程资源编写者的知识和经验有限，加之编写课程资源需要一定的时间，难免会出现一些不符合学生学情的内容，体育教师要对这些内容进行删减，保障课程资源的与时俱进，培养符合社会发展需求的学生。

3. 补充

补充即根据国家和地方的要求以及本校特色，加入补充性课程内容，以便有效实施国家或地方的体育课程内容，体现学校特色。

4. 拓展

体育教师应在已选定体育课程资源的基础上，对教学资料进行横向和纵向的拓展，以扩展学生的知识面，进一步提高学生的水平。拓展的内容应是对原有内容的延伸，与教学资源的主题直接相关。

5. 整合

体育教师应对选定的体育课程资源进行整合，调整或改变内容结构，整合不同学科或不同单元中相关的内容，以便进行延展性教学，还应对国家或地方体育课程内容中不合适的地方进行改编，使教材内容更符合学生的实际情况，更有利于学生的全面发展。

6. 重新开发

重新开发是指体育教师在已选定的体育课程资源之外，开发新的体育课程资源，以便使课程资源更符合学生实际，体现本校体育教学特色。

（四）评估体育教学条件

1. 体育教学条件评估原则

体育教师应根据教学目标，评估体育教学开展的教学条件。在评估时，体育教师应遵循以下原则。

①匹配原则。不同教学条件下可开展的教学活动不同，体育教学活动的开展需要以教学条件为依据，因此教学活动的开展应与教学条件相匹配。

②充分利用原则。体育教师应充分利用现有的体育教学条件，并考虑在现有的教学条件下可进行哪些教学活动。

③经济适用原则。在代价不变或降低代价的情况下，体育教师应尽可能地提高效能，或在效能不变的情况下降低代价。这就要求体育教师应充分利用教学条件，营造良好的教学氛围，开展有效的教学活动，从而提高课堂质量。

④综合使用原则。在评估体育教学条件时，体育教师应实施综合评估，注重传统教学媒体与现代教学媒体的相互配合，综合利用各种有利的教学条件，使教学条件最大限度地发挥作用。

2.体育教学条件评估内容

体育教学条件的评估具体内容如下：①评估体育教学的空间，包括教室和班级的空间布局；②评估体育教学的时间，包括体育课程在课程表内的时间和课程内容安排的时间；③评估体育教学设施，包括体育教学场地和教学媒体。

（五）设计教学方案

有效体育教学的教学方案以提高体育教学的有效性为目的，对体育教学进行系统性研究，分析学生和教学目标，选择恰当的教学方法与教学手段，评价教学结果，从而形成科学的教学方案。

1.分析学生

分析学生是决定教学方案是否有效的重要内容，是实现体育有效教学的关键环节。在传统教学中，体育教师对学生的重视程度不够，导致教学效果低下。只有深入了解学生，才能设计出满足学生发展需求、与学生的学习能力相符、适合学生个性特点的教学方案，这样的教学方案是实施有效体育教学的前提。影响学生学习的因素众多，体育教师在设计教学方案时难以对每种影响因素都进行分析，因此往往会对其中影响较大的因素进行重点分析，如学生的学习方法、学生的知识基础和学生的个性特点等。

体育教师在设计教学方案时应充分考虑如何才能充分调动学生的学习兴趣，如何营造良好的课堂氛围，以使学生按照教学目标要求，积极参与学习活动，提高学生对课堂教学的参与水平，从而使其进行有效学习。这就要求体育教师应分析学生的学情信息，了解学生倾向于哪种教学方式。

2.陈述教学目标

教学目标为教学活动提供方向。教师在陈述教学目标时，要涉及教学对象、教学行为、教学条件以及教学程度四个要素，这四个要素的陈述要求具体如下。

（1）教学对象陈述

教学对象陈述是指对教学目标的行为主体进行陈述，即阐述学生的基本特征，说明通过体育课堂教学，使学生的知识和能力得到怎样的提高。教学目标是评价学生学习效果的重要参考依据，因此教师要对教学对象进行陈述，确定通过教学使谁发生变化。

（2）教学行为陈述

教学行为陈述是指陈述学生通过课堂教学应得到怎样的学习结果。由于教学内容不同，所得到的学习结果也是多样的，如获得新知识、习得新技能、培养新兴趣、养成好习惯等。为提高教学目标的可操作性，应尽可能地使用可操作、可测量和可观察的动词来进行行为陈述。

在陈述教学行为时，教师应注意以下两点。第一，应使用可测量的某些知识能力目标进行陈述，使描述具有可操作性，避免模糊表达，以便准确评价学生的学习结果。第二，教学目标的行为主体是学生，因此应从学生角度进行行为描述。

（3）教学条件陈述

教学条件陈述是指描述学生产生学习结果的情境，即表述学生的行为在什么条件下产生，在什么情况下进行评价。教学条件陈述的具体内容包括陈述学习的时间和空间、陈述教学情境、陈述教学活动、陈述教学手段等。

（4）教学程度陈述

教学程度陈述主要描述学生在课堂教学后其行为变化应达到的最低程度，如学生通过学习能使用多种方法来解决同一问题。教师在进行程度陈述时，需要制定一定的评价标准来陈述学生的行为变化程度。对教学程度进行陈述，能提高教学目标的可测量性、教学评价的准确性。此外，体育教师还应鼓励学生制定适合自己的学习目标，以调动其学习的积极性。

3. 安排教学策略

陈述教学目标后，教师需要安排教学策略，具体包括以下几个方面的工作：①根据教学目标选择恰当的教学方法；②选择与教学方法相适应的教学媒体；③对媒体材料进行选择和整合。

现代体育教学注重学生在教学过程中的主体地位，因此教师在选择媒体材料时要为学生提供学习内容，引导学生正确使用媒体材料，以便提高教学效果。在使用媒体材料时，体育教师应遵循以下步骤：筛选媒体材料、整理媒体材料、准备教学环境、提供学习体验。

4. 评价与修正

评价与修正是设计有效体育教学方案的最后阶段，也是十分重要的阶段。评价与修正主要包括两个方面的内容：①评价按照教学方案能否顺利和有效完成体育课堂教学，评价学生能否达成预期教学目标；②评价有效体育教学方案的可操作性，并对不足之处加以修正。

（六）管理课堂环境

一方面，体育教师应创建有效的物理环境。物理环境为课堂教学提供物质基础，主要包括座位安排、教学资料、教学设备等。在体育课堂教学管理中，教师对物理环境的创设需要满足以下几点要求：第一，为体育课堂教学提供便利，教师能更方便地讲授教学内容，开展教学活动；第二，为师生的互动交流提供便利；第三，要保证物理环境的安全性和舒适性，避免因设备摆放等不合理造成学生受伤。

另一方面，体育教师应营造良好的心理环境。心理环境是指学生在课堂教学中的心理状态，它是影响体育课堂教学质量的隐形因素。良好的心理环境需要师生共同来营造。在体育课堂教学管理中，心理环境的营造可通过以下途径来进行：第一，教师应建立科学民主的课堂管理制度，使学生获得安全感；第二，教师应与学生建立平等、和谐的师生关系，良好的师生关系能增强学生的归属感，使学生受到鼓舞；第三，关爱学生，培养学生的主人翁意识，让学生树立集体主义观念，培养学生互帮互助的集体意识。

（七）评价教学成效

体育教学成效的评价应符合体育教学的基本理念，还应达到目标明确、主体多元、内容全面、方式多样等要求。明确评价目标是评价教学成效的基础。明确评价目标有助于教师对教学目标的达成程度有一个清楚的了解，从而更好地发挥教学评价的作用。教师需要确立一般性目标与个性化目标。一般性目标即根据体育课程标准确定的评价目标；个性化目标即根据学生的个体差异设计的评价目标，有利于发挥每一位学生在课堂教学中的作用。

有效体育教学评价应体现评价主体的多元性。评价的主体除教师外，还应包括学生、家长、学校管理人员、教育决策机构等，每个评价主体都应充分发挥作用，以提高教学成效评价的全面性、客观性和真实性。在评价过程中，评价主体应能自觉反思自己的行为，从而不断完善自我。教学评价应重视民主参与、共同协商，从而不断提高体育教学质量。

有效体育教学评价不仅应评价学生是否掌握了新知识与技能，还应从学生的学习过程入手，评价学生的情感、态度和价值观等内容，使评价内容更加综合全面，促进学生的全面发展。例如，有些学生虽然成绩不理想，但其学习态度积极，教师就应予以鼓励性的评价，增强其自信心。

此外，有效体育教学评价还应满足评价方式多样化的要求。传统体育教学经常通过总结性评价来评价学生，这样的评价较为片面。现代体育教学应采取形成性评价来评价学生，不仅要评价学生的学习结果，还要评价学生的学习过程，除考试外，还可通过体育表演、体育竞赛等来评价学生的体育学习情况。教师应通过评价更好地组织有效体育教学，使学生进行更有效的学习，促进学生的全面发展。

三、小学中年级体育能动教学法

体育不仅包括"体"，还包括"育"，因此体育不仅仅指运动，还是一种理念、精神。能动教学法的特点是以理促技、技中求理，目标是让学生树立体育意识，养成体育锻炼的习惯，不断发展自我。

（一）能动教学法的要求

①明确教学目的。体育教师应明确教学目的，通过教授学生体育知识与技能，使学生树立终身体育的意识，不断完善自我，实现全面发展。

②深入了解学生。在教学开始之前，体育教师应对学生进行深入的了解，了解学生的知识基础、认知水平、学习态度、个性特点等，以便从学生实际出发安排科学的教学内容。

③深入钻研教材。体育教师应深入钻研教材，去除教材中陈旧的部分，找出教材的科学原理与内在规律，从而有的放矢地进行教学。

④合理安排理论与技能。体育教师应恰当安排理论与技能的比例，理论教授应简明扼要，突出普遍性和关键性问题，不能淡化技能练习；技能教授应从动作的基本动作和易犯的错误出发，着重讲解难点问题。

（二）能动教学法的实施

体育属于自然科学范畴，所以，教师应用自然辩证法去分析体育教学的规律，选择最适合学生的教学方法去指导学生，从而提高学生的体育运动水平。现代化教学的一个基本特点是用科学理论指导教学，随着知识的日益更新，体育教学更应实现现代化、科学化教学。体育教师应用科学理论指导实践，根据学生的认知规律，按照科学的教学程序去教学。能动教学法的实施过程如下。

第一，教师根据动作的科学原理和学生的认识水平，合理提出问题，发散学生思维，调动学生的学习兴趣；第二，学生根据对动作的理解，进行尝试性练习；第三，教师根据学生的练习情况进行针对性的讲解，指出学生普遍存在的问题和动作的关键，使学生对动作要领有进一步的认识；第四，教师在实践练习与理论讲解的基础上，总结动作要领，指导学生进行能动练习。

例如，在立定跳远教学中，教师应首先进行示范，学生根据示范进行尝试性练习。在练习的基础上，教师根据学生的练习情况针对性讲解学生普遍存在的问题，依据人体运动规律与力学原理等讲解动作要领，使学生对动作要领有理性认识。在讲解的基础上，教师再指导学生掌握好正确的起跳姿势，引导学生根据斜抛原理，尽可能跳得更远。

（三）能动教学法的作用

1. 提高体育教师的教学水平

能动教学法主张用理论指导实践，使体育教师自觉学习和使用科学原理。长期以来，相当一部分的体育教师在只侧重于运动技术的教学，在工作后忽视体育原理的应用。能动教学法对教师提出了较高的要求，要求教师既能教授体育理论与技术原理，又能进行动作示范，教授动作要领；教师在体育课上除要对学生进行体育教育外，还要进行德育教育，注重学生的全面发展。长此以往，体育教师将在教学中既注重实践又注重理论。

2. 激发学生的主观能动性

能动教学法关注学生在教学过程中的主体地位，注重激发学生的主观能动性，培养学生主动探索未知的精神，使学生的理论与技能共同发展，从而提高教学质量。在能动教学法中，体育教师应以理论引导学生积极思考，使其思维与动作趋于统一，让学生在实践中应用理论，从而掌握动作技巧。

能动教学法符合超量补偿的定理，在实施能动教学法的过程中虽然学生练习的时间减少，教师启发的时间增多，但不会影响教学效果。比如，在学习前滚翻时，教师花费较多的时间利用滚动原理来启发学生做好团身动作。就这节课来讲，练习的时间必然较少，但从整体来讲，学生在以后学习鱼跃前滚翻和后滚翻等动作时，就能根据这节课的所学知识进行知识迁移，更快掌握新动作。

3. 发挥体育课的教育职能

能动教学法能充分发挥体育课的教育职能，促进学生的全面发展。传统体育教学只注重体育教育，培养学生的身体素质，而能动教学法将德育教育和智育教育纳入体育课之中，提高了体育教学的质量，发挥了体育课应有的教育职能。

第三节　小学高年级体育教学策略和方法创新

一、小学高年级体育教学策略

以信息技术为标志的高科技时代提高了对人才的要求，因此推行新课程，深化教学改革势在必行。传统的体育教学大多以技术教学为主导，偏重于学生技术动作的掌握程度，忽略了学生的主体作用，学生难以自主发展，因而必须采用合适的教学策略，将过去的为教材而教学，改变成现在的为目标而教学。

（一）合理设计教学目标

当学生对一门学科有了明确的学习目的时，就会产生浓厚的兴趣。教师应讲述体育与其他学科的辩证关系，在日常教学中把明确而又具体的目的告诉学生，以激发其学习动机，还应注意"因材施教"，每一堂课对学生提出的任务和要求，应该是学生努力后能够完成和达到的。家庭、学校、社会应多方引导，培养学生正确的体育观和健康观，从而引发他们的体育兴趣。教学目标应包含以下内容。

①教会学生体育基础知识和锻炼方法。小学体育教师不能把体育课看作单纯的动作教授与练习课，还应教授学生体育基础知识和锻炼方法，应根据高年级学生的年龄特点，合理安排教学内容，选择最适合学生的教学方法，调动学生的体育学习热情。新颖多样的教法和学法能让学生耳目一新。

②教会学生体育的基本技术与基本技能。机械的练习枯燥乏味，因此教师在选择教学内容时，要考虑学生的年龄、身体素质、兴趣、特长等，安排一些既具有实用性又具有趣味性的体育活动，教授学生一些体育运动的基本技术与基本技能，利用现代化的活动方式激发学生的体育兴趣。另外，教师还应教会学生科学锻炼的方法，使学生能够根据自身素质调整运动负荷，培养学生养成经常锻炼身体的好习惯。

③提高学生的能力。教师应根据小学生的年龄特点，灵活运用示范、讲解、预防、纠正等教学方法，还应营造良好的课堂氛围，与学生平等交流，引导学生在实践中探索，发现问题、解决问题，提高学生的实践、合作和创新等各方面的能力，通过现代化教学手段让学生了解各种体育知识，激发学生参与体育学习的热情。

④引导学生关心体育。教师要使学生"学会关心"，即引导学生关心国内外体育界的大事，关心学校组织的各项体育竞赛，更要关心自己的身体健康，让学生认识到，只有体质强壮，才能为社会多做贡献。

（二）提高课堂教学质量

教师应弄清教材内容，明确教给学生什么，学生应掌握什么，怎样的教法才能使学生最快地学会、学懂。体育教师要有丰富的业务知识和高超的教学技巧；要勤于学习，吸取新知识，研究教学新动态；要刻苦钻研教材教法，认真备好课。备课要实用，认真选取教学内容，充分挖掘教材的思想性、科学性，准确地把握重点、难点；灵活运用场地、器材，精心设计教学环节，全程安排运动负荷，防止备课脱节；要做好课前的场地布置和器材安排等各项准备工作。在课堂教学中，体育教师应做到以下几点。

①拟定的一堂课的目标要具体。教师要明确通过这堂课的教学要使学生学会什么、达到什么要求，怎样进行思想品德教育，等等。

②选择的教法要合适。教师应认真钻研教材，挖掘教材中的潜在因素。上课时可结合传统赛事、重大赛事等体育新闻，吸引学生注意力。

③教学顺序安排要科学合理。教师要对热身、讲解、示范、练习、纠错等教学环节进行科学安排。

④教学步骤要规范和简练。技术动作或游戏规则要规范，语言要简练、生动活泼。

⑤采用的教学手段要恰当和具有趣味性。教师讲解的语言要准确扼要、生动形象、短促洪亮、令人振奋，结合目光、表情或手势等体态语言的运用，生动地"描述"动作形象；示范动作要正确，姿态优美，轻松大方，以帮助学生建立正确的动作表象，消除其紧张的心理。

⑥选择的练习方法要有实用性。教师要将练习的方法与学生的特长有机结合起来，与学校的体育专长有机结合起来。

⑦课堂的组织教学工作要周密。体育教师教学中应特别注意安全，严防事故的发生。

⑧环境布局和全课时间的安排要妥善合理。环境布局的好坏，直接影响学生心理和生理反应。跃跃欲试和恐惧畏缩是学生的两大心理反应。体育活动内容与运动量要合理。

⑨运用多媒体上好体育课。多媒体教学能使运动的事物静止化，静止的事物运动化，有利于提高学生的观察能力和理解能力。经多媒体图像的比较，学生会很容易掌握新知识，有利于培养学生正确的动作技能。

⑩培养学生的心理技能。体育活动可以调节身心状态，培养学生积极乐观、顽强进取的人生态度，促进学生身心健康，提高生命质量。教师应把"玩中乐，乐中玩，乐中练"放在教学的首要位置，使学生在快乐学练的体验中，其技能得到发展，体育学习兴趣水平得到提高。

（三）提升自身的素质

体育教师是体育课的设计者和实施者，又是体育技术、技能的传授者和文化的传播者。新世纪的体育教师要敬业创新，通过以下几点来提升自身的素质。

①体育教师要有奉献敬业精神。体育是关系到全民健康的大事,为此教师必须热爱党和人民,必须热爱体育教师这一崇高的职业,要有吃苦耐劳的品质和踏踏实实的工作作风,要一辈子忠诚于党的教育事业,要有兢兢业业的态度。

②体育教师要有良好的职业道德。教师的仪表、语言、行为能潜移默化地影响学生。良好的教师形象应该是穿着、举止、语言大方得体,性格活泼开朗,平易近人,富有幽默感、同情心,关心爱护学生,与学生建立良好的师生关系。教师的独特气质和良好风度能给学生带来轻松、愉快之感。教师更要以高尚的道德情操吸引和感染学生。

③体育教师要采用宽严相济、严活结合的教学管理办法。教师要公正客观地评价学生,做到宽严相济,严活结合,即对于课堂纪律常规、教学常规、安全教育考勤、考核等的管理要严;对于课堂练习、选修活动、课余时间及平时生活的管理要活。

④体育教师要有教学创新意识。体育教师要擅长创造良好的课堂教学环境,引导学生发现问题、解决问题,鼓励学生在实践中探索。

⑤体育教师应创新体育教材内容。体育教师根据小学高年级的年龄特点,合理安排教学内容,从低年级的兴趣培养到中、高年级的练习、提高,无一疏漏。

⑥体育教师应改变传统的不合理的教学模式。学校体育教学应综合运用师教生学、生教师学、师生共学等模式,营造出良好的学习氛围。同时要求学生自主学练,教师只作为学生的帮助者和指导者。教师应改变以往"填鸭式"的教学模式,使学生自觉锻炼的兴趣和运动技能不断得到提高。

(四)加强教法研究

新课标扩宽了体育课的学习领域,对小学体育教师提出了更高的要求。在这样的背景下,小学体育教师应满足新课标对体育课的新要求,加强对教法的研究。改进教学方法,不仅要求提高小学体育课堂教学质量,还要求关注学生的身心健康和社会适应能力,使学生养成日常体育锻炼的好习惯。小学生存在身心发育较快、情绪变化较大、理解力和自制力较差等特点,因此体育教师应根据这些特点,安排科学的教学内容,采取合适的教学方法,如情境教学法、游戏教学法、主题教学法等,提升课堂教学质量,激发学生学习体育的兴趣。

(五)加强学法引导

课堂教学是师生共同发展的过程,因此教师除要加强教法研究外,还要加强学法引导。只有引导学生学会学习，才能真正调动学生的学习积极性，从而提高课堂教学质量。教师应从以下几个方面对学生进行引导。

①引导学生自学。教师可在教学过程中指导学生学会根据动作示意图自己进行模仿练习，能培养学生自学、自练的能力，提高其探索和实践能力。

②营造合作学习的氛围。教师应营造良好的课堂氛围，可组成学习小组以促进学生之间相互交流、相互帮助，使其在合作学习的氛围中，不断提高动作质量、团结合作能力、社会适应能力、发现问题及解决问题的能力。

③培养学生的创造力。在课堂教学中，教师应为学生提供机会，让学生发散思维，自主探索一些学习内容，以培养学生的创造力。

④合理布置作业。即使是体育课，体育教师也应布置适当形式的家庭作业，培养小学生养成日常体育锻炼的好习惯，使其对健康问题有一定的认识。

⑤引导学生参与教学过程。体育教师应发扬民主，让学生参与教学活动中，引导学生参与教学评价，与教师共同探讨提高教学质量的方法，进而不断提高教学质量。

二、小学高年级体育分层教学法

（一）体育分层教学法的含义

分层教学法是素质教育中的一种新型教学方法，它最大限度地考虑了学生间的个体差异，将小学生分成若干不同的层次进行施教，充分体现了因材施教的原则，能有效提高教学质量，促进全体学生的全面发展。分层教学法包括学生分层、目标分层、施教分层、评价分层四个方面。

小学高年级体育分层教学法主张根据教学大纲、教学任务、教学对象、教学内容等，设计不同层次的教学方案，营造良好的育人环境，进行不同层次的指导，提出不同层次的学习要求，满足不同层次学生个性发展的需要。体育分层教学法尊重学生间的个性差异，力求激发每位学生的发展潜能，使每位学生都能在原有基础上得到发展，促进他们身体素质和运动水平的提高。

（二）体育分层教学法的实施

1. 学生分层

小学体育教师应熟悉学生，根据学生间的个性差异对学生进行分层，可根据学生的学习基础、认知水平、身体素质、学习态度等要素，将学生分为A、B、C三个层次，其中A层次学生的基础较好，对A层次学生的练习可注重提高学生的体育能力，实现进一步发展；B 层次学生的基础处于中间水平，对 B 层学生的教学可注重巩固性练习，提高学生的应用能力；C 层次学生的基础较差，对 C 层学生的教学应强调学习性和复习性练习，应帮助学生牢固掌握动作技巧。学生处于动态之中，是不断变化发展的，因此分层也不是固定的。只有实施分层教学法才能更好地调动学生的学习兴趣，促进学生的个性发展。

2. 目标分层

在分层教学中，体育教师应对目标进行分层，制定不同的教学目标，教学目标大体上可分为基础性目标、提高性目标以及发展性目标。这三类教学目标属于弹性目标，并不是与学生分层完全对应的，要制定什么样的教学目标由体育教师根据学生的具体情况及教学内容决定。

一般来说，A 层次学生可从基础性目标或提高性目标开始，完成后再努力达到发展性目标；B 层次学生从基础性目标开始，完成后再努力达到提高性目标和发展性目标；C 层次学生要先从基础性目标开始，完成后再努力达到提高性目标，甚至是发展性目标。目标分层的原则是下要保底，上不封顶。对教学目标进行分层，细化了目标的梯度，有利于提高教学质量，使每个层次的学生都能够得到发展。

3. 施教分层

分层教学法中最关键的步骤是施教分层。体育教师应根据学生特点，采取适合不同学生的教学方法，根据学生间的差异开展不同的教学活动。施教分层是分层教学中最难于操作的步骤，也是最具创造力的步骤。对于体育教师来说，体育课堂教学不能是简单的示范讲解，而是要根据每一位学生的学习情况进行针对性指导。体育教师应加强与学生的交流，确定符合学生身心发展特点的教学方法和学习方法。

在教学过程中，教师应让每一位学生积极参与学习，进行有效学习，引导学生自己去寻找运动规律，从而使其巩固对运动技术的理解。体育教师应根据不同层次的学生采取不同的教学方法。例如，体育教师应为 A 层次的学生创设良好的学习环境，给学生提供发散思维的机会，让学生自主探索，独立完成学习，提高学生的创造力，使学生向更高层次发展；对 B 层次的学生可采取合作学习的方式，引导学生之间积极探讨，共同寻找运动规律，形成多向思维的氛围，鼓励多样性和独创性，使学生在交流中提高自己的运动技巧；对 C 层次的学生要先进行集体教学，向学生示范动作技术，再具体引导，逐步完成教学。

4.评价分层

各个层次学生的学习和发展存在差异，因此教师应及时发现学生身上的闪光点与不足，对学生进行鼓励和校正，以促进学生的个性发展。教师应及时评价学生，这对学生的个性发展、完成学习目标、提高创新能力等都是十分重要的，它有利于挖掘学生学习潜能，调动学生学习的积极性。传统体育评价采取总结性评价，单纯根据学生成绩的高低评定学生的学习成果，忽视了学习过程。新课程标准注重学生的全面发展，因此对学生的体育评价应采取形成性评价。

体育教师应正确认识评价，将评价作为手段，以此改善教学，不能颠倒手段与目的的关系。体育教师对 A 层次学生的评价应坚持高标准、高要求的原则，采取科学竞争评价，使学生在良好的竞争环境中努力拼搏，不断完善自我，还应激励学生，引导学生完成更高层次的学习；对 B 层次学生的评价应采取激励性评价，充分发挥评价的激励和导向作用，使他们积极向上，既要指出学生的不足，又要为学生指明努力的方向；对 C 层次学生的评价应采取表扬评价，肯定他们的进步，使他们感受到成功的喜悦，逐渐树立自信心，促使他们不甘落后，从而不断尝试和进步，更好地发展自我。

（三）体育分层教学法的作用

体育分层教学法充分体现了因材施教的原则，最大限度地考虑了学生间的个体差异和发展潜能，较好地处理了整体与部分的关系，能有效提高教学质量，有利于培养优等生、发展中等生以及转化希望生。体育分层教学法已经显示出强大的生命力，受到了教师、学生和家长的普遍欢迎。体育教师采取分层教学法进行体育教学，既调动了学生学习体育的兴趣，提高了学生的体育运动能力，又有利于提高学生的实践能力和创新能力。

第四章 小学体育的教学内容创新

目前,我国小学体育教学内容、课程体系改革已成为我国教育改革的一个重点课题。小学体育教学内容上的创新要具有时代性和前沿性,教师应根据教学目标以及当前学生的需求来进行创新。

第一节 小学体育的课堂教学

一、知识引入

教师以体育知识引入新课,开门见山,直奔主题,能够起到承上启下、巩固强化的教学作用。与其他引入方法相比,知识引入较少受到教学条件的限制,教师容易操作,是体育教学实践中用得较多的一种引入方式。

(一)知识引入的目的与意义

知识引入是体育教学的一种重要方法,其目的是强化技术和技能,帮助学生树立正确的体育观念,培养学生的体育能力,提高学生对体育的认识水平,使学生了解体育的价值,掌握科学锻炼身体的方法,提高学生的体育文化素养水平,为养成体育锻炼习惯打下基础。体育知识是有关人体身心健康和身体运动的科学知识,是长期体育实践经验的理论化和系统化,它与体育学习有着十分密切的联系。在体育教学中,教师在组织学生学习技术时,要不时地利用相关学科的理论知识来进行形象说明和理论验证。在辅助教学过程中,学生听课听得津津有味,注意力特别集中,有一种顿悟的感觉,学生能够快速掌握新动作。

(二)知识引入的常用方法

1. 体育知识引入

理论与实践是相辅相成、缺一不可的。知识引入新课能够充分发挥学生的积极性、主动性和创造性。教师在进行知识引入时,根据学生年龄和知识结构以及可接受性的特点选择适合学生学习和掌握的知识，有助于他们在实践中掌握基本技能和技术，懂得体育的意义和价值，充分享受体育运动的乐趣。

2. 结合其他学科知识进行知识引入

随着学生年龄的增长和科学知识的增多以及智力水平的发展，教师结合他们自己已具备的物理、化学、生物、数学和政史等学科的知识进行知识引入，拓宽学生视野，加深他们对体育科学的理解，从而以科学的态度对待体育和进行科学、有效的体育锻炼。

教师结合其他学科知识进行知识引入，加强了学科之间相关理论知识的联系，使学生更加深入地理解了运动技术原理、掌握了运动技能，培养了学生运用所学知识解决实际问题的能力，缩短了学生掌握技术动作的时间，提高了学生的课堂学习效果，启发了学生的扩散性思维，加强了与相关学科的横向联系。

3. 利用体育竞赛进行知识引入

体育竞赛是增进友谊、培养集体荣誉感和勇于拼搏进取等意志的有效途径，教师应不失时机地进行体育知识的引入，培养学生欣赏体育竞赛的能力和参与意识，使学生明白基本的竞赛规则和方法、懂得体育竞赛的意义、遵守体育道德规范，在竞赛中提高学生学习体育理论的兴趣水平，加深学生对体育的认识和理解，不断提高其体育能力，促进其体育素质水平的提高。

体育教师在每节课刚开始时要向学生交代清楚本节课的目标和本节课的内容。由于不同的对象、不同的教材、不同的课型等原因，如果教师采用单一、呆板的导入方法，常常会导致出现教师在上面讲得费力，学生在下面听得乏味的尴尬局面，甚至挫伤学生的学习积极性，使小学生的注意力难以集中，最终教师会无法完成课堂教学任务。教学有法，但无定法，新课的导入亦是如此。教学内容不同，教师的素质和个性不同，导入的方法也就各异。知识引入要做到"教学目的明确、教学内容正确、教学方法适合、教学组织有序、师生双方积极、教学反馈及时、讲解生动形象"，只有这样才能促进学生情感的发展，使其并带着良好的情感参与学习活动，从而收到良好的教学效果。

二、讲解与提问

体育教学的语言是教师的一项重要基本功，也是引入新课教学的主要工具。在体育课上，教师的讲解是学生获取新知识、掌握新技术、新技能和提高身体素质的主要手段。因此，教师讲解语言技能的优劣决定了一节课的成败。正确的运用语言能启迪学生智慧、启发学生的思维，加深学生对学习内容的理解，促进学生运动技能的形成，培养学生发现问题、分析问题与解决问题的能力，还能激发学生的学习兴趣、活跃课堂气氛、使师生关系融洽。

在教授新课的过程中，教师常用的方法有讲解与问答两种教学方式。

（一）讲解

讲解是教师运用语言向学生系统地传授体育知识、运动技能的方法。讲解分为直陈式、分段式、概要式、侧重式、对比式、比喻式讲解等。以学生身体练习为载体，是体育学科的特征。因此，在体育实践课教学中，讲解是伴随着学生身体练习的进程而展开的。它的主要目的是帮助提高身体练习的质量。这种讲解的逻辑性、系统性不强，且不是教学的主干。它与文化课讲解存在着较大的差异。这种讲解除"教学目标""教学内容""动作要领"等常规、可预见性讲解内容外，更多的是根据学生动态的需要而不可预见的讲解——即兴讲解。讲解的时机要准确，如何讲解、讲解什么，要考虑讲解的及时效应。适时讲解、适当讲解、适度讲解是体育课讲解的基本特征，正确运用讲解技能，能产生画龙点睛、事半功倍的效果。

教师在体育教学过程中应用语言时应注意以下几个方面的内容。

1. 语言要有明确的目的性

在教学中讲什么、怎么讲，教师必须根据教学目标、教学内容、学生的特点以及教学过程的具体情况，以及学生思想上、技术上或身体发展上存在的主要问题，抓住重点与难点，有针对性地讲解，有的放矢。

2. 内容要有科学性

教师应根据学生的体育基础和已有的知识、经验，来确定讲解内容的深度、广度和讲解方法。

3. 语言表达要明确

教师在课堂上教授知识的时候，语言要清晰、准确、生动、形象、简明扼要，并富有感染力，能够激发学生的学习兴趣，抓住教材的关键，突出教学重点。例如，快速跑的教学重点是途中跑，而途中跑的重点是后蹬，所以在教学的过程中，教师应该要着重讲解后蹬技术。教师在教学过程中也可运用体育术语和口诀进行讲解，要精讲多练，这样有利于学生正确理解和掌握动作技术。

4. 语言要富有启发性

教师的讲解要启发学生的思维，可以通过提问的方式来启发学生的思维，培养学生的思考能力、语言表达能力、分析能力和解决问题的能力,使学生将看、想、议、练、评有机地结合起来,让学生知其然并知其所以然,学会举一反三,触类旁通。教师提问的问题要符合学生的认知规律,要明确具体,教师应该根据教材的内容及特点来设计出一些具有启发性和思考价值的问题。

5. 注意时机、形式和效果

在教学过程中,因为学生练习占大部分的教学时间,所以,教师要注意讲解的时机,要在学生面对教师、并注意教师时进行讲解。当学生正在做练习时,特别是在做危险性较大的动作时,教师应尽量避免做过多的讲解,以免分散学生的注意力,从而导致事故的发生。教师应该在课堂上进行集中的讲解,也可个别讲解。

（二）提问

提问是教师和学生以口头语言问答的方式完成体育教学的方法。提问有利于启发学生的思维,启迪学生的智慧,培养学生的思考能力和语言表达能力,唤起和保持学生注意力和兴趣;有利于教师及时了解与掌握学生学习体育与健康知识的情况,适时地调整教学过程。

1. 提问的方法

（1）传授新知式问答

传授新知式问答是教师依据学生已获得的知识经验,引入新的问题,学生在思考上结合运用已有的知识经验回答问题的方法。

（2）巩固复习式问答

巩固复习式问答是教师依据学生已经学习过的教学内容,检查了解学生的掌握情况,巩固已学过的内容,让学生回答问题的方法。

（3）总结归纳式问答

总结归纳式问答是教师在结束一个课题或一部分教学内容前,引导学生提出问题,教师进行回答;或反之,教师提问,学生回答,并在此基础上进行概括总结与归纳的方法。

2. 提问时应注意的问题

（1）要有针对性地提问

教师在提问时,应紧紧围绕教学目标的知识点,抓住教学的重点、难点;要切合学生的实际水平,避免提问一些怪题、偏题,以防止挫伤学生的学习积极性。

（2）提出的问题要有一定的启发性

教师要善于运用设疑激疑的方法，启发学生积极思维，让学生学会举一反三，要鼓励学生提出问题，讨论研究回答问题，利用学生已有的知识经验对所提出的问题进行分析、判断、思考与回答。

（3）提问要注意方式方法

教师要善于捕捉提问的最佳时机，精心设计好提问的程序，由浅入深，由易到难，由简到繁；多提思考性问题，少提事实性问题，教师提问时态度要和蔼，循循善诱，创设一个宽松和谐的学习环境；语言要精练，简单明了，防止出现模棱两可的情况，对于一些较难的问题，要给学生一定的思考与讨论时间。

此外，教师还要正确地运用语言。除了提问外，教师在课堂中也要有针对性地运用其他语言形式，例如进行队列练习、队形变换、做体操时，要运用口令；在做支撑跳跃时，用语言提示学生快推手；按教学标准对学生的行为表现、练习完成情况以口头方式进行评价；等等。总之，教师应充分利用各种形式的语言，以达到良好的教学效果。

三、反馈与调控

（一）反馈与调控的作用

在体育教学中，反馈与调控的主要作用表现在以下几个方面。

①教师接收学生反馈的信息来诊断教学的效果。

②学生输出反应信息后，适时从教师或学生的反馈信息中得到肯定的评价，从而加快学生对于知识的接收进程。

③教师根据学生的反馈信息，随时反思自己原来的教学方案，调整课时计划，改变教学组织形式。

④学生根据教师或周围的同学反馈的信息，发现自己认识的误差，变换思维方式，改进学习方法。

⑤课堂反馈与调控的有效实施能有效调动、激励学生和教师的非智力因素。

（二）反馈的类型

在体育教学中，根据不同的分类标准，可以将反馈分成很多类型。

1. 正反馈和负反馈

如果反馈信息的作用与控制信息的作用相同，这种反馈就被称为正反馈，反之则为负反馈。

2. 预先反馈、即时反馈、延后反馈

在体育教学中，在一节课刚开始时，学生对自身的基本情况、学习状态的汇报叫作预先反馈，教师可以根据这些信息对教学计划做出适当的修改与调整。

即时反馈是指通过当堂的提问、讨论、演示、练习、小结等形式及时进行的反馈。

延后反馈是相对于前两种反馈而言的，主要是指课后学生通过作业、思想汇报、小结体会等形式进行的反馈，它有利于教师了解学生的情况、教学效果，从而使教师改进下次教学的方法以及组织等。

3. 教师反馈和学生反馈

教师反馈主要表现在教师在体育教学中提供正确的语言描述、动作示范，明确告诉学生有关他们出错的原因。教师根据学生的情况在练习中通过加快反馈频率传达给学生，对学生技能技巧的形成有很大帮助。如在学生练习双手支撑倒立时，教师根据学生的动作，用简短语言不断提醒学生抬头、挺胸、收腹，这将有利于学生动作成型。而对于学生完成得好的动作，教师则应用肯定手势、满意表情、赞许语言给予肯定，激发学生学习积极性，使其获得更大的学习动力。

学生的反馈在教学中主要表现为学生对教师讲的内容、示范用点头微笑表示理解、敬佩，积极回答老师提出的问题，迅速领会教师的意图，反馈自身的学习体会、学练后的生理感受等。

（三）反馈与调控在体育教学中的运用

反馈与调控始终贯穿于体育教学过程中，主要被运用于体能教学、技能教学、体育教学方法、组织措施中。一般情况下，教师是根据教学要求来制订教学计划的。但这只是一种预先理想的设定，与体育教学不断变化的实际情况并不完全一致，这就要求教师根据学生反馈的信息，不断地改变调整预先制订的教学计划，因时而变，因势而变。

体育新课的教学组织是十分复杂的，教学组织工作是否合理、严谨，会直接影响体育课的教学质量。因此，加强体育课组织工作研究，对于实现教学目标、提高教学效果有重要作用。这就要求教师在捕捉、接受学生的反馈信息后，及时采取有效措施。体育新课的组织有理论课的组织和实践课的组织两种形式。在理论课的课堂组织中，依据学生传递过来的信息，教师既要及时改变组织形式，调动学生的积极性，又要因势利导，给学生的反馈信息应具有启发性。由于实践课多在操场和体育馆里进行，环境变化因素多，学生受环境影响，也常发生情感变化，因此，教学中经常会发生突发事件。所以，教师的应变能力是反馈调控技能的重要内容。对信息的恰当反映和处理，正确的组织措施是一个体育教师保证课堂安全的必备条件。另外，针对学生不同的课堂表现，教师应采用不同的教学组织形式，确定使每一位学生都获得学习的效果。同时，教师应及时地反馈信息给学生，使学生明白教师的组织意图，以保证教学活动的顺利开展。

教师和学生之间的信息交流是教师能否顺利完成教学任务的关键，双方之间信息交流面越广、越频繁，所产生的教学效果就越明显。在实际的教学训练中，教师要注意发挥主导地位的优势，既要输出准确的教学控制信息，又要捕捉准确的反馈信息，更加科学合理地完成教学训练任务。这种对反馈信息的处理与调控的能力贯穿于教学活动的始终。反馈与调控活动是一个动态连续的过程。在教学过程中，学生体能技能信息的反馈是教师改变教学方法和组织措施的依据，改变教学方法和组织措施后所收到的效果反馈又是教师确定下一个计划的前提。因此，上述几个方面是一个相互关联的有机整体。所以，教师的反馈与调控能力的提高，既是体育教师在体育课程设计能力上的体现，又是提高体育教学质量的保障。

四、组织与管理

（一）体育教学组织

1. 体育教学组织的内涵

体育教学组织通常是指教师根据体育教学的特点、目标以及实际情况对学生、场地、器材进行合理安排的过程。其主要内容包括体育课堂常规、队列队形的运用、分组教学、场地器材的布置以及体育干部的培养等。

2. 体育教学组织形式

体育教学组织形式能够使体育教学目标与教学内容得以实现。而体育教学目标的达成、教学过程的实现、教学原则的体现、教学方法的运用等，最终都要整合、具体地落实到一定的体育组织形式中。

（二）教学分组

1. 常用的体育教学分组理念与方法

传统的教学分组多采用内部分组形式，即在一个教学班的内部，为适应体育教学的特殊需要，按某一种标准进行二次分组，实行内部的教学组合，常常依据性别、体能、体育成绩、生长发育指数、所选的学习项目等分组标准。

传统的分组教学一般按照以运动项目的学习为单元划分依据来进行授课，因此采用同质分组的为多。传统的体育教学组织形式比较单一，一般采用分组轮换和分组不轮换两种形式。

2. 新课标背景下采用的体育教学分组理念与方法

在课堂教学分组中要抓住两个问题：第一个是稳定性，所谓稳定性，是指维持一种教学分组状态的时间比较长；第二个是灵活性，所谓灵活性，是指维持一种教学分组状态的时间比较短。一般认为，凡是教学编班能维持一个学段的，就称为稳定编班；凡是教学编班能维持一学期的，就称为阶段编班；凡是教学编班能维持一个教学单元的，就为灵活编班。如班内的分组，凡小组能维持一学期以上的，就为稳定分组；凡小组能维持一个教学单元的，就可被称为阶段小组；凡小组仅在一节课中得到维持的，就可被称为灵活小组。

在小学体育教学中，组织稳定小组时一般采用同质设想，而在组织阶段小组和灵活小组时，同质设想和异质设想均会被采用。同质分组和异质分组各有优点，全凭教育者的价值取向来判断。例如，男女分班教学有利于实行男女区别对待；而男女合班教学则有利于调节学生情感、提高学生学习兴趣和提倡文明道德。

（1）同质的阶段小组

阶段性的小组持续时间仅是在一个教学单元中，由于特定的教材对学生有特殊的要求，因此采用这种阶段性的小组划分，一旦单元教学结束，小组也随之解散。人们又可按两个标准来划分这种小组，其一是技能相同。例如，在游泳教学单元中，把会游泳和初学者分在两个小组，教师对他们有不同的要求。其二是爱好相同，如体操支撑跳跃教学单元，教师教两个动作，一个动作是横向分腿腾越，另一个动作是斜向助跑直角腾越，学生可以根据自己的爱好选择学习其中的一个动作，教学就出现了分别学习某一动作的小组。又如在进行球类教学时，同时出现篮球和足球的教学，教师可根据学生的爱好分成两个小组。

（2）异质的阶段小组

异质的阶段小组也是特定教材的特殊要求，它的持续时间也是一个教学单元，但是其设想和同质正好相反，它是组内成员具有较大差异的小组。例如，在游泳教学单元中，把会游者和初学者编在一个组内，让会游者教初学者，可以提高教学效果。

（3）同质的灵活小组

这种小组从性质上看，和同质的阶段小组是一样的，但是其延续时间很短，仅在一节课中出现，上课一结束，小组即解散。实际上，教师经常用同质的灵活小组来开展教学活动。例如，在跳远活动中，在一个跳远的场地中教师可以设置两个距离，其中能跳到1.6米的学生应站在甲区，跳不到的则学生应站在乙区。甲区和乙区的学生不是固定不变的，若乙区的学生若能跳过1.6米的距离，就可以直接转向甲区，这种临时性的分组对提高学生的积极性有巨大的作用。

（4）异质的灵活小组

这种小组从性质上看，和异质阶段小组是一样，但持续时间也很短，仅在一节课中出现，上课一结束，小组即解散。实际上，教师经常用这种设想来开展教学活动。例如，在某节课中需要对健美操的动作进行复习，教师则可以将已经掌握动作要领的学生与未能熟练掌握的学生编成一组，使组内的学生可以相互帮助、相互促进，以此来提高教学效果。

（5）随机的灵活小组

这种小组是在一节课之中出现的临时性小组。这种小组有两种分组形式，一种是通过报数随机分组，另一种是自由组合进行分组。报数随机分组可以形成各组间实力基本相同的局面，便于开展组与组之间的教学比赛或竞争性游戏，如排球教学比赛、接力跑比赛等；自由组合的分组可以使兴趣相同的学生组成一组，如篮球课，三人一组，全场往返传接球配合上篮，兴趣相同者组成一组配合效果较好，教学质量也随之提高。随机的灵活小组在竞赛或游戏中常被采用，它能够达到事半功倍的效果。

（三）分段教学

1.分段教学的具体要求

强化课堂常规是实施分段教学的基础，良好的体育课堂常规是保证每段教学顺利进行的基础，是对教师与学生提出的基本要求。在实施新的体育课程标准的过程中，分段教学中的体育课堂常规应包含以下新的内容。

（1）课前常规

教师应该做到以下规范内容。

①每学期开始时，教师必须根据新体育课程标准的精神与要求，结合本学期实际，提前制订出体育教学计划（学年、学期、单元、课时计划），由学校教务处体育组进行检查。

②教师应在课前写好教案（包括室内课），必须仔细检查和设计好场地

器材。

③教师应提前到达规定的集合地点等候学生上课。

④教师应在课前将上课内容和要求告知学生或体育委员。

学生应该做到以下规范内容。

①穿好运动服、运动鞋，不在身上放杂物和危险物品。

②提前到达上课地点准备上课，如果课前教师安排有体育项目的练习，一定要严格按照教师的要求进行练习，防止伤害事故的发生。

③学生在由于闪伤、疾病或某些特殊性情况不能上体育课时，课前应向体育教师请假。

（2）课中常规

教师应该做到以下规范内容。

①教师应协助体育委员迅速整好队伍，检查服装与出勤人数，并做好记录。

②教师在课中要进行思想动员，宣布课的目标与要求。

③教师要安排好实习生活动。

④教师要不断地教育学生爱护公物。

⑤教师在每节课中应保障学生人身安全，向学生提出安全要求，使其做好准备活动、整理活动。例如，在学生进行单杠、双杠、支撑跳跃等项目的教学时，教师必须安排好人对其予以保护帮助；

⑥教师要组织管理好课堂活动，如上游泳课时，必须编好小组，宣布安全规则。

⑦教师要充分发挥主导作用，以身作则，严格要求自己。

⑧教师上课期间要做到不迟到、不早退、不旷课、不接打手机、不离开课堂、不和与上课无关的人谈话，因故不能上课者必须按规定手续请假。

⑨场地器材要打扫干净。

⑩按时下课，下课前教师要对本次课进行小结。

学生应该做到以下规范内容。

①上课后由体育委员及时迅速地在指定地点集合整队，检查出勤人数，整好队伍后，向教师报告出席人数，迟到的学生应向教师报告，说明原因，经教师同意后方能入队。

②学生上体育课应穿轻便服装、软底鞋，不带有碍锻炼的物品。

③病弱的学生、女生例假者都应见习，根据自己的情况适当参加教师安排的活动或其他服务工作，不得在见习时聊天或做其他事，不得擅自离开。

④学生要主动参与、自觉遵守课堂纪律，并在自主学练、合作学练、探

究学练中认真学习，刻苦锻炼。

（3）课后常规

教师应在征求学生意见的基础上，根据上课的实际情况，及时写好课后教学小结。学生应按照教师要求收好器材。

2. 分段教学中的分组教学

体育课的分组是建立在体育课分段的基础上，分段是分组的上位概念，分组是分段的下位概念，也就是说先有分段后有分组，每个段落的教学都包含着不同的分组形式。

体育课分组的要求分为以下四个方面。

①教师一般按学生的年龄、性别、学习态度、身体发育、健康状况、体育基础知识等条件，把全班学生分成若干小组。如在初中体育教学中多数是男女生合班，在分组中首先应按不同性别分组，然后再根据学生的身体发育、健康状况和体育基础分组，最重要的分组是将学习态度好的学生与学习态度不好的学生交叉搭配分组，一般是分成4～8组，每小组以4～8人或每一大组以8～14人为限。

②也可以根据学校的具体情况，把同年级的几个班合起来，男女生分班上体育课，然后在男、女生班中分别按不同条件进行编组。

③还有的体育运动学校按照学生的专业运动水平和运动项目分组，在保健体育课上则按学生的疾病和缺陷情况进行分组教学。

④不论按哪种方法分组，各组学生要相对固定，特别是要推选出思想品质好，又有一定体育基础和有组织工作能力的学生担任组长，组长应协助教师上好课。

3. 分段教学与分组教学中场地器材设计安排

精心设计布置好场地、准备好上课器材，是完成体育课的教学目标的物质保证，是实施分段教学与分组教学的关键条件之一。在分段教学与分组教学中设计安排场地器材时应做到以下几点。

①对于活动范围大、有伤害隐患的投掷项目，在有条件的情况下可专门设置一片投掷场地，器材可以用其他代替，如可用橡胶小实心球代替铅球练习。

②场地、器材的总体布局要合理。教师应尽可能将活动范围不大的体操项目的活动区域，如应将单杠设置在场地的边角或较小的地块上，但不能过于集中。

③课中场地、器材的布置应尽量适当集中，避免转换教材时花时间。教

师对于暂时不用的器材，要按计划将其事先放置在规定的地点，要用时能有秩序地迅速将其安置或分发好，用后将其迅速送回。

④为了保证分段教学与分组教学的顺利进行，学校在排体育课程表时，应充分考虑到场地、器材情况，尽可能做到不出现体育场地拥挤的现象。

⑤体育组要划分好每位教师每周三次课使用场地的范围。

⑥场地、器材的布置要安全合理，课前或做练习前应仔细检查，严防发生伤害事故。

⑦教师要培养学生热爱劳动、爱护公物、愿为他人服务等优良品质，有组织、有计划地分配学生布置场地、器材，并负责收回和归还的好习惯。

4. 分段教学要注意的问题

①体育教师要预先设计好每一节课教学分段方案，在设计方案时，不能总是用一种方案、一种分段的方式来替代所有课的类型。

②无论是运用三段式的分段方式还是运用程序式的分段方式，在各个段落中都要充分体现创新的思想与创新的方法，体现以学生发展为本的理念。

③在各段落之间不要明显出现脱节的现象，段落与段落之间要紧密地联系在一起，不要有明显断层的问题。

④在每个段落中一定要考虑课前、课中、课后运动负荷的安排，特别要注意在课的开始阶段，要逐步循序渐进地增加运动量，在课的最后阶段要防止运动负荷量过大的现象。

⑤体育课的分段是体育课的显著特点，每个段落都有每个段落的特殊性要求，教师要注意在主要教材的分段上给予足够的时间，特别要注意不能省略最后一个段落的教学。

⑥在分段教学中一定要坚持贯彻"健康第一"的指导思想，始终谨记"安全第一"的体育教学要求。体育教师在设计分段教学过程中，要思考严密，管理到位。

5. 分组教学中要注意的问题

①教师在教授所有新教材中的内容时，一般以分组不轮换的形式进行为好。如武术、健美操等项目的教学，应运用分组不轮换的形式，才能达到省时高效的目的。

②体育教师一定要培养好班级体育小干部，不断地提高体育小干部的工作能力，充分发挥他们的作用，这是促进分组教学正常顺利进行的好方法。如定期把任课班级的体育委员、体育骨干、有专项特长的学生召集起来进行思想、技能、组织管理等方面的培训，使他们能在体育课分组教学中发挥

③一般在课的前面第一、第二部分与最后部分，最好运用集体分组不轮换的形式进行为好。

④一般在课的主教材部分，最好采取分组学练、分层学练、合作学练、互帮互学、教师导学、评价学练、分组轮换与分组不轮换两种形式的交叉学练。

⑤在良好的基础上才能运用三组两次轮换、四组三次轮换、先合组后分组这三种分组形式，这些基础包括以下几个方面。

首先，全班已经养成了体育锻炼的习惯，班风好、学风好。

其次，体育小干部能力强，学生能主动积极地参加体育锻炼。

最后，体育教师有很强的威信，学生能自觉地按教师提出的要求去做。

6. 对安排体育课结构的建议

①体育课的结构不能被认为是一成不变的，教师不能把课看作唯一的三部分或四部分，应该多种模式共存，要据实际情况来确立模式，要符合人体工作能力的变化规律和技能形成规律。

②体育课的结构也不能单单被理解为几个部分，教材安排应既符合规律又合理，教师应该以密度大、强度小的原则来安排。

③体育课的结构应注意练习的具体顺序，教师的主要精力要放在具体结构上，要在具体结构上动脑筋。

④不论是什么样的体育课结构，都要有准备活动和教育目标内容，要注意学生个性的培养。

（四）体育教学管理

1. 课堂常规

体育课堂常规是为保证体育教学工作的正常进行，对师生提出的一系列基本要求。课堂常规一般是由学校根据本校特点自行制订的，因此它不是法律规范，而属于校规。体育课堂常规是学校体育教学管理的一项制度，学校应根据自身的实际情况来制订，无需强求与其他学校相同。常规条文的规定应该明确具体，一般包括四个方面的内容。

①有关教师课前准备工作的规定，如教师在课前要备好课和制订好教学方案，了解清楚学生的课前情况、场地、安全设施，准备好器材以及服装，等等。

②学生由于病、伤不能正常上课时，应提前请假，假条由校医或班主任开出，课前由体育委员或学生自己提前向教师说明。教师应根据不同情况，分别做出见习或回教室休息等处理意见。

③准备好场地器材是上好体育课的物质保证。教师根据场地器材、教学任务的要求及学生的情况，设计合理的教学方法、手段和确定教学活动的类型和结构。

④规定师生上课前5分钟到达操场，等候上课。

2. 课中常规

一般而言，课中常规主要包括以下五个方面的内容。

①学生在上课时，必须遵守课堂纪律，服从教师的要求和体育干部的安排，不得擅自行动，应友好合作，爱护场地器材，积极参与教学过程，努力完成体育课的各项任务。

②教师应加强课中安全卫生教育，做好准备活动，加强保护与帮助工作，尽可能减少学生在课堂中出现受伤的情况，一旦学生发生运动损伤要及时处置。

③教师要以身作则，言传身教，关心全班学生，循循善诱，注意安全卫生，检查见习生执行规定的任务、要求等情况。

④严格要求学生，并及时了解课中学生的身体和心理状态，保证学生的身心健康发展。

⑤教师要检查学生练习后器材归还等工作状况，布置课后作业，对课上表现好的学生提出表扬和鼓励，提出课后锻炼的要求，宣布下次课的内容，有始有终地结束一堂课。

3. 课后常规

教学的成功与否要看教学效果，因此，教师要通过课堂的反馈信息，及时总结经验教训，发现不足，提出改革措施，做好课后小结；同时，要对缺课的学生做进一步的调查研究，必要时进行补课或辅导。

第二节 小学体育的课外拓展

一、课外体育活动

课外体育锻炼是促进健康最积极有效的手段。在体育锻炼中，学生能够体验到如何缓解学习压力，调节紧张的学习节奏，提高学习效率；能够感受到课外活动具有全面提高身体各器官系统的机能和不断提升运动技能的作用；体会到课外活动对提升心理素质和社会适应能力所特有的价值；在体育实践中学会认知、学会做事、学会与同伴共处、学会生存的策略和方法。体育锻炼是小学生身心健康、全面发展过程中的必要措施。

（一）课外体育活动的作用

1. 增强课外体育活动意识是提升学生整体素质的前提

课外体育活动是课内教学活动的延伸，是学生身体健康成长不可替代的一项有益的活动，是关系到提升小学生身体素质的大事。因此，增强课外体育活动的意识是提升学生整体素质的前提。

2. 建立课外体育活动的制度是提高学生整体素质的保证

制度能规定学生的行为，更能激励人奋发向上，有利于整个社会和个人的发展。在合理的课外实践活动制度下，学生是身体素质教育的最大受益者。小学各校普遍建立了课外体育实践活动制度，月月有体育活动内容，每周有活动日。学生参与体育锻炼的现象到处可见，建立和完善课外实践活动制度是学生提高整体素质的根本保证。

3. 增加课外的活动含量是提高学生整体素质的基础

所谓增加课外体育活动含量，就是既要有健康向上的内容，又要有丰富多彩的形式，内容和形式应高度统一。如果健康的活动内容多，但形式单调，则不能满足学生的心理特点；形式多了，内容少了，多次重复也会使学生感到乏味。因此，不断增加课外活动的含量十分重要。

4. 教师对课外实践活动的引导是提高学生整体素质的关键

学生与教师的接触机会最多，教师的一言一行对他们的影响最大。教师是学生的好朋友，是体育文化知识的传授者，是学生体育能力的培养者，也是体育课外活动的直接引导者。如果离开教师的引导，放任自流，体育活动会流于形式，甚至走向反面。引导得好，体育活动才能够顺利进行，学生的综合素质才能提升得更快。

（二）体育课外活动实施

课外体育活动是以学生的自主活动为主，培养学生的体育兴趣，增长必要的体育基本知识、技能，是愉悦身心的一种手段。它是体育课堂教学的延伸，又是体育课的有机联结。

1. 课外体育活动的组织与管理

课外体育活动是整个学校体育工作的有机组成部分，这并不意味着教师可以放任不管，让学生"自发活动"。活动前，教师要对活动进行设计、组织、指导，结束后，教师要进行点评、总结等。开展形式多样、生动活泼的课外体育锻炼，能有效地促进学生身体的全面发展。

2. 课外体育活动的方法

学校应树立"素质教育""健康第一""全面育人"的新理念，扭转对课外体育活动课的错误看法和做法，因为只靠单纯的说教则收效甚微。为了学生的健康成长，学校应真正落实"每天锻炼一小时"的体育活动。

人人参与、认真练习是课外体育活动的要求。课外锻炼的主要目的是促进学生身体发育，发展各种身体素质，自觉地增强体能。每个学生可以准备体力卡片，以登记测验结果。

如果因为担心体育馆在学生活动时遭到损坏、足球场草皮被踢坏而影响美观就禁止学生活动，那就是因噎废食。学校只有坚持"健康第一"的指导思想，着眼祖国的未来、民族的兴旺，加强科学管理，充分开放学校体育场馆，给学生足够的自主活动空间和机会，才能不断提高体育活动的实效，提高学生的健康水平。

3. 课外体育活动的要求

①听到上课铃响后，由体育委员按指定地点集合队伍，并按要求对本班进行检查。

②由体育委员带好本班同学做好准备活动。

③由各班班长到主管教师那里领取活动内容表，到器材室领取器材。

④学生在活动时必须按分配的场地器材进行活动，不得抢占其他班级的场地器材。

⑤学生在活动时必须注意自身安全，尽量避免冲撞和危险动作，以免伤害自身及他人。

⑥除足球外，不准踢其他任何器材或用不正当的方式进行活动。

⑦下课铃响或结束哨音响时，体育委员和班长共同整理好队伍和器材，及时归还器材室。

⑧课外体育活动由班主任老师负责组织，体育教师巡回辅导，出勤、锻炼情况由班主任负责，体育室负责记载抽查，教务处、政教处负责汇总。

⑨对不按规定进行活动的班级，教务处、政教处、体育组应采取措施责其改正。

二、体育竞赛活动

学生对竞赛活动的态度是搞好体育竞赛活动的基础。教育心理学指出：人的智慧和才能的发展与先天因素有着密切的关系。但是，在肯定先天因素的同时必须承认遗传只是提供了一种可能性，使这种可能成为现实的关键还在于后天的环境,其中,教育起着重要的作用。教育能否对人的发展发挥作用,重要是看怎样发挥人的主体作用。

体育课余竞赛的实践表明:大多数学生对体育课外竞赛活动十分感兴趣,他们定会在活动中表现出主体积极性。学生对学校组织课外体育竞赛活动的良好态度和积极行为,为学校组织课外体育竞赛活动奠定了群众基础,为学校利用课外体育竞赛活动全面提高小学生的素质创造了良好的条件,能使小学生在体育竞赛活动中发挥出主体积极性,这种主体积极性将为体育竞赛教育活动的顺利开展及学生素质的全面提高起到关键性的作用。

(一)体育竞赛活动的作用

体育竞赛活动在学校教育中具有独特的教育作用,利用体育竞赛活动可以有效地发展学生的身体素质,发挥育人、育体、育心的作用。

1. 提升学生身体素质

学生在参加体育竞赛活动时,不仅要承受运动生理负荷,而且要承受运动心理负荷,两者同时发生,不可分割。这一特点告诉教师,要使学生的生理素质及心理素质得到发展,就必须结合学生的具体情况,有针对性地选择竞赛项目与内容,这样才能取得理想的效果。实践证明,跳绳、拔河、长距离跑的比赛能有效地增加学生的力量和耐力,球类和集体项目的田径、体操比赛能有效地提高学生的速度、灵活性及增加力量与耐力。

2. 培养学生的竞争意识与拼搏精神

体育竞赛活动最突出的特点就是竞争,而且比赛的水平越高,双方的水平越接近,竞争就越激烈。竞争离不开拼搏,要竞争就必须拼搏,没有拼搏就没有真正意义上的竞争。体育竞赛的竞争特点使学校体育竞赛活动具有培养竞争意识与拼搏精神的独特作用。但是,学校若不注意为广大学生组织提供各种形式的体育竞赛活动,并不断地要求提高竞赛水平和竞争程度,学生的竞争意识与拼搏精神的培养就只能成为无源之水、无本之木,提升素质就是一句空话。所以,学校要为学生组织符合其特点及需要的、形式多样、紧张激烈的体育竞赛活动,并注意在组织体育竞赛活动的同时加强对学生技能的培训,为学生提供各种项目的竞赛机会,这些才是培养学生竞争意识、创造性的思维、拼搏精神与勇于开拓的精神,提高其组织能力等的有效措施。

(二)体育竞赛实施模式

体育竞赛实施模式:赛前辅导——体育竞赛——赛后总结。利用体育竞赛活动可以发展学生的生理、心理素质,进行思想品德教育。

1. 赛前向学生进行思想品德教育

体育课余竞赛的实践表明:通过体育竞赛活动,学生的道德品质、竞争意识水平、创造性的思维水平、组织才能与良好的心理素质等都有一定程度的提升。在体育活动中,教师应使学生明事理、变真伪、分善恶,开展体育活动的最终目的是利用体育独特的教育性,达到教书育人的目的。

(1)利用讲座、报刊宣传激发学生爱国主义情感

我国体育事业的伟大成就及中华体育健儿为国争光的事迹是激发学生爱国主义情感的最好教材。根据竞赛培养目标的要求,学校在赛前辅导阶段,利用办报刊、展览等形式,宣传近年来我国体育事业的伟大成就。通过中华健儿为国争光的拼搏精神和民族气节,激发小学生的爱国主义情感,增强他们的民族责任感,使他们能够为提高素质而自觉锻炼,并能及时地为他们创造锻炼的条件和机会,使他们能自觉地将爱国热情转变为脚踏实地的锻炼行动,投身到体育锻炼中去。

(2)利用体育主题班会培养学生的集体意识和精神

体育主题班会是学生自我教育的一种很好的形式。学校在赛前辅导阶段也可采用召开主题班会的形式,组织学生参加"个人与集体""青春与健美"等的讨论。通过讨论,学生能够明确个人与集体的关系,并知道自己作为集体中的一员,要随时准备为集体多做贡献,学生的群体意识、审美观念得到了提高。在竞赛阶段,学生不管是作为运动员还是观众,他们都能自觉地为集体做贡献,形成人人热爱集体、关心集体、服从集体、维护集体的良好风尚。

2. 学校体育竞赛活动项目的选择

对学校体育竞技活动项目进行选择时,既要依据学校的条件、教师的条件、学生的基础,又要考虑与学校德育教育相结合,更重要的是要考虑大多数学生的兴趣与爱好。

低年级学生刚入学,新的班集体刚刚形成,班集体的凝聚力不高,学生的体育基础知识、基本技能的水平比较低。但是他们已掌握了简单的运动知识、技能,已具备参加简单的体育运动竞赛的能力,学校针对这种情况宜多选择田径、徒手操、跳绳等集体运动项目的比赛,以利于培养学生团结协作的作风及集体主义精神。

高年级学生经过几个学期的教学与训练,已经掌握了一定的体育基础知识、基本技能,他们中的部分学生已对某些项目产生了浓厚的兴趣。所以,

学校在组织小学生的体育竞赛活动要考虑他们的兴趣和爱好，要使大多数的学生都能参加体育竞赛活动。所以，宜选择具有激烈竞争特点的集体项目比赛，提高小学生的竞争意识水平与竞争力。

3. 赛后总结是向学生进行思想教育的延伸

赛后总结是向学生进行延伸思想教育的有效形式。学校在比赛结束后，应及时安排总结，通过"最佳运动员""最佳阵容""文明观众"等评选活动以及班干部的汇报总结，及时向学生进行思想教育，能有效地将学生在竞赛活动中获得的良好行为与品质迁移到学习中去。

学生对参加体育竞赛活动的积极态度及良好行为是开展好体育竞赛活动、向学生进行教育的前提条件。在开展体育竞赛活动前，选择的竞赛项目必须符合学生的需要，考虑学生的心理、生理特点。赛前教育辅导要形式多样，要与学校德育相结合，这样才能收到理想的效果。

三、课外体育研究性活动

在小学体育教学中，加强研究性学习活动旨在挖掘、培养小学生的学习兴趣和探索问题的能力。

（一）课外体育研究性活动

从纵向展开过程来看，研究学习活动大致有以下六个步骤。

①提出科学的问题。
②根据已有的知识和经验，提出假说或猜想。
③收集证据。
④解释。
⑤评估。
⑥交流和推广。

（二）课外体育研究性活动的特征

①小学生是通过研究活动获得新知识和培养能力的。
②研究教学注重从学生的已有经验出发。
③重视证据在研究中的作用。
④重视合作学习。
⑤重视形成性评价和学生的自我评价。

（三）课外体育研究性活动实施

1. 创设问题，激发学生学习兴趣

（1）创设问题

思维活动是围绕着问题而进行的，所以也可以说问题就是思维的最基本动机。教师在进行教学活动时，应当创设恰当的问题并引导学生主动去发现问题，从而激发出学生对学习的兴趣。教师可以通过问题来启发学生对知识的积极思维，以及对课堂中技术动作的主动探究意识。正是学生获取新知识的好奇心以及对新技术动作练习、实践体验的兴趣才能够形成学生主动研究的学习动机。

（2）分析教材

教师在进行体育教学时，应当充分挖掘教材的内在魅力，使学生们能够对教学内容本身产生学习兴趣，引导学生发现问题，激发学生学习的积极性。教师应该对教材中的内容进行详细的分析，只有透彻地了解教学内容才能够更好地进行教学。

2. 发挥主导作用，引导学生探究

（1）分析问题

在分析、解决问题的过程中，教师是支持者，学生是实施者，所以，教师应当发挥其主导作用，以学生为中心，让学生成为课堂教学的主体。教师通过各种直观的教学手段，引导学生发现问题的关键，启发学生积极主动的思维，降低学生分析、解决问题的盲目性，使学生对问题的分析、比较、归纳、概括具有一定的方向性、可操作性，进而扩大解决问题的范围。这样一来，学生便能在对新动作的探索活动中有新的发现和新的收获，从而体会到成功的喜悦，进而能够维持学生对新知识、新技术的强烈探究欲望。并且学生也能够积极主动地进行分析问题、解决问题的活动，并积极参与练习、实践活动，获取新知识、新技术，增加技能，在探究的过程中提高研究性学习的能力。

（2）探讨问题

教师应该使讨论的主题具有方向性、针对性，能够吸引、推动学生在积极主动的讨论中思考问题，在比较中分析问题，从而达到解决问题的目的。教师在讨论中应该起到指向作用，利用直观的讲解示范，引导、启发、鼓励学生讨论争辩、演示比较，并及时地进行信息反馈，使课堂教学成为师生分享彼此的思维、见解、知识及交流彼此情感的场所，通过归纳、概括，达成共识、共享、共进的效果，让学生自己去发现问题的结论和规律。

3. 实践运用，实施探究创新

实践运用是研究性活动的最后一个环节，也是至关重要的一个环节，因此，研究性活动重视引导学生从生活实践中学习体育知识，再把学到的知识、技能运用到课堂实践中去。使学生真正体会到亲自实践、探究，以及应用知识、技能。在整个学习的过程中，教师应让学生既动手做又动口说，既用眼看又动脑想，使其多种感官参与学习活动。在教学中，教师要充当学生的"顾问"，应当给予学生进行创造与思考的机会，为学生解决问题而创造条件、提供线索，但不必直接地对学生进行讲解，一时不能解决的问题可以让学生在今后的学习和生活中继续探索，使其将课内学习向课外锻炼延伸，同时，在教学中，教师要注意营造愉悦、和谐、安全民主的教学氛围，加强师生互动、生生交流。

4. 联系实际，让小学生充分享受探究乐趣

研究性活动特别重视评价机制的创新实践与探索应用，对结果进行及时系统公正客观准确的评价，新的体育课程标准提倡采用多种灵活的评价方法，以最终实现评价主体的多元化。

例如，在进行篮球原地运球教学时，教师可以让学生们自愿结成学习小组，并对组内的所有同学进行客观的评价。当大家对完成动作出色的学生进行表扬时，则会激发其他学生对比的意识，促使其他学生积极主动地寻找原因，并将自身的动作进行改进与规范，从而取得更加优异的成绩。当个别学生因体质差异在完成动作上有困难时，大家应及时给予保护帮助。学生通过对自我学习过程进行积极的评价，及时发表自己独特的见解并找到自己动作的不足，充分享受到自主探究的乐趣。这样不仅增强了集体凝聚力，而且促进了人与人之间的和谐，为其更好地参与到下一阶段的学习铺平道路。

5. 实施课外体育研究性活动的注意事项

（1）实践性

教师应鼓励学生积极参与课外体育研究性活动，并让学生自由地实施。

（2）开放性

教师应启发学生的发散性思维、求异思维和批判性思维，不要将教学问题设置固定的答案。

（3）创造性

教师应将创新精神作为评价的重要指标，鼓励学生的独创性。

（4）自主性

教师应为课题提供更多的项目，使不同的学生能够对课堂产生兴趣，使学生能够积极热情地投入研究性活动中。

（5）过程性

教师应淡化问题结论中的正与误，允许多元化的结论。

（6）互动性

互动是一种交流、碰撞的过程，也常常是产生思想火花的过程。教师要提倡多重互动，如教师与学生的互动、学生之间的互动、学生与他人（指校外的人士）之间的互动。

第五章　小学体育游戏教学创新

小学体育作为基础性的学科，要考虑到学生的年龄与心理特征，尤其是像体育这样的学科，一定要具有趣味性。教师有必要在教学过程中加入适当的游戏，但是不能过于依赖传统的体育游戏，而要随着时代的发展不断创新体育游戏。

第一节　体育游戏创编的原则

体育游戏的创编原则是体育教师经过长期体育游戏教学和体育游戏创编实践，总结和概括出来的创编体育游戏必须遵循的准则。

游戏的教学任务不外乎下列三个。其一，提高学生身体素质，增强学生体质。其二，培养学生诸多优良品质。其三，启发学生思维，促进学生智力发展。创编游戏应始终围绕这三项任务展开。因此，正确理解游戏创编原则，对于提高游戏的创编水平和游戏质量具有重要意义。

游戏的创编原则有锻炼性原则、思想教育性原则、启发创造性原则、趣味性原则和安全性原则。

一、锻炼性原则

体育游戏从属性上来说，应该姓"体"，从内容上来讲，应该具有一定的锻炼价值。这也是体育游戏和其他纯益智、娱乐游戏的区别所在。游戏的锻炼价值应该是广义的，运动量只是相对而言。即凡和体育锻炼有关的、对身心健康有益的游戏，都应算作体育游戏。就锻炼价值而言，有的游戏是有关体育技术型的，有的游戏是属于基础型的，有的游戏是娱乐型的，有的游戏是准备整理型的，有的游戏则是室内锻炼型的。

（一）技术型游戏

技术型游戏创编可以从大量的"三基"教学内容中获得启发。诸如奔跑、跳跃、投掷、对抗、负重球类等运动项目中，都包含着很丰富的基本动作、基本技术的内容。教师当然要通过正规的教学活动来培养学生的能力，但中、低年级学生的能力的培养，却主要靠游戏。如"十字接力""看谁投得远"等都属于技术型的游戏。"十字接力"就是奥运会正式田径项目 4×100 米接力的缩影，只不过距离、场地形状有所改变罢了。创编好类似这样的游戏后，教师可直接教给学生传递接棒的技术，学生在游戏中也会很快学会。类似"看谁投得远"的游戏，实际上就是布包掷远游戏化，教师在游戏中通过示范、讲解动作要领，使学生学会正确的投掷技术，提高其投掷能力。上述技术型游戏的需求量很大，教材中的游戏只是范例，教师可根据范例的特点，进行大量的创编。

（二）基础型游戏

创编基础型游戏应以锻炼身体为侧重点。在构思时，游戏创编者应考虑将其运动负荷设计得稍大一些。基础型游戏既能为学生的身体素质的发展打基础，又能为学生的基本技术的习得打基础。比如，一位老师创编的"量步"游戏可被称为典型的基础型游戏。当低年级学生还未学习正规的后蹬跑时，酷似后蹬跑的游戏可以有效地发展学生腿部肌肉力量，且对韧带柔韧性发展极有好处。有些同学在游戏中虽然步子迈得很大，但膝关节往往抬得低，后腿蹬得不够直，此时，教师多创编一些类似"量步"的游戏为学生打好基础是再好不过的了。

（三）娱乐型游戏

创编体育游戏还需在娱乐方面下功夫。娱乐型游戏主要以活跃课堂气氛为目的。有的娱乐型游戏与技术动作并没有什么直接关系。一些短小的游戏是为了集中学生注意力而被创编的。如"动作相反"游戏，学生在笑声中的精神更加集中了，有利于之后的教学内容的开展。

低年级学生需要很多唱游性游戏或动物拟人化游戏。这些游戏往往技术动作特点不强，运动负荷一般也不高，但一般密度都较大，人人都有频繁参与游戏的机会，这些游戏也是在锻炼性原则指导下不可缺少的游戏。

（四）准备整理型游戏

随着体育教学的不断改革，成人化、模式化教学不断受到冲击，不少教师在利用游戏替代准备活动和放松整理活动上面下了很大功夫，于是创编出了不少准备整理型游戏。

准备整理型游戏一般比较短小精悍，不需要什么器材，易学易会，不拘于形式。如"踩影子""跳十字""拍手游戏"等，有了这些小游戏，教师便一改过去只用徒手做准备活动的办法，为体育教学又平添了许多乐趣。

体育课不可缺少的最后一个环节是结束部分，它虽然占的比重不大，但却能起到缓解疲劳，使各器官、各身体系统迅速恢复常态的功能，于身心健康颇有益处。过去一直沿用的老办法使学生往往心不在焉，有时还会使结束部分成为走过场。有一位教师创编了一个"默念"游戏，这个游戏类似于软气功，学生爱做，效果颇佳。还有一位老师为低年级学生创编了一个叫"飞飞"的准备整理型游戏，该游戏要求学生两臂平举缓缓"飞行"，这也能起到放松整理的作用。

（五）室内锻炼型游戏

由于风雨天的限制和体育知识课的需要，在锻炼性原则指导下，教师需要多多开动脑筋来创编室内体育游戏。

体育教师创编的室内游戏通常可分为两种。一是基本上不需搬动桌椅的游戏，这样的游戏运动量较小，可以侧重于开发智力、锻炼灵敏反应，如教材中的"传口令""组字接力""猜猜谁是领头人"等游戏便是很好的范例。一般体育知识课，不宜搬动桌椅，因为游戏占的比重不是太大。二是需要搬动桌椅或利用桌椅的游戏。教师在创编这种游戏的可充分利用室内的面积、空间、墙壁、黑板、课桌、过道等条件。

由于室内游戏受到很多不利因素的限制。因此，教师创编的室内游戏不宜使学生的运动量过大，创编游戏需要的教具要小型、轻便、容易装卸和转移，不得影响其他教师的教学活动。

二、思想教育性原则

体育游戏的思想教育价值也是评定游戏质量的一条重要标准。游戏的教育作用，必须与游戏的内容、方法、目的、任务相结合。体教教师应融会贯通，寓教于活动之中，使思想教育因素渗透游戏的全过程，并要防止牵强附会，脱离游戏特点的"穿靴戴帽"。

因此，体育教师应该遵循游戏教育的目的性、寓意性、象征性和渗透性来选择素材，着手创编。

（一）目的性

首先应当明确教育的根本目的是提高全民族素质水平，多出人才，出好人才。人才的培养要从小学生做起，民族素质的提高的基础也是对小学生的教育。

在贯彻思想教育性创编原则时，教师首先要确定目的，再根据教育目的选编游戏素材，构思与设计游戏内容与方法，例如，如果要解决学生中的个人主义问题，教师可侧重从集体游戏出发，从游戏中体现团结协作、助人为乐的精神追求。教师也可以从游戏的内容来确定游戏的教育目的；还可以使二者合一，即从大致的游戏目的出发，选择游戏内容，并在不断丰富发展游戏内容后再对教育目的进行调整，不断增强游戏的教育效果。

（二）寓意性

1. 寓意于内容中

寓意于内容中是指把思想教育因素寄托在游戏的内容、方法、规则中。不同的游戏内容，具有不同的教育作用。教师可以将某些思想教育因素寓意于某一游戏中。例如：某位体育教师利用学校靠近平缓的山丘，为高年级学生创编了"夺红旗"的游戏。这位体育教师在创编、构思中成功地将积极向上、勇往直前、不畏艰苦等思想教育因素，注入了游戏之中。学生通过"夺红旗"游戏中的"跨过战壕""穿过小树林""越过封锁线"等一系列动作，不仅锻炼了身体，还培养了诸多优良品质。

2. 寓意于方法中

同样的游戏，对游戏方法稍加改变后，思想教育因素就增多了，教育效果也增强了。比如还是上面这个"夺红旗"游戏。在游戏中，教师只需增加简单的几句话，游戏效果就会更加显著。例如，"看哪一组最先把红旗插到山顶上"这样的改变，会促使学生争先恐后，克服各种困难，积极向山顶进军。游戏要求只有集体登上山头后，才能插红旗。在游戏中，学生之间互相协作，都想为集体争光，不甘落后。学生在游戏中不仅受到了爱国主义教育，还受到了集体主义教育。

3. 寓意于规则中

在创编游戏时，规定游戏的规则是不可缺少的一环。一些游戏的规则中就包含了思想教育因素。如一些三人的小游戏，在游戏中，两个人对等比赛，不参加比赛的人为裁判。根据规则三人轮换，裁判要公正判断。学生在这样的游戏中，便受到了诚实、文明竞赛、公正判断等方面的教育。

为高年级学生创编一些对抗性较强的游戏时，规则的制定就更为重要了。例如，在一些球类游戏，球出界后本方队员要举手示意是自己碰出界的；犯规后，要求犯规的一方主动搀扶对方；游戏双方对于教师和游戏引导人做出的判罚，要无条件地服从；等等。这些都包含明辨是非、礼貌待人的教育内容。

（三）象征性

教师为小学生创编游戏时可以广泛使用象征性的手法进行创造。由于年龄特点的不同，象征的对象也有区别。象征一般可分为象征动物、象征劳动、象征战斗、象征自然环境、象征科学。教师应把各个象征的内容贯穿起来，并赋予其一定的情节和思想内容。由于采用了象征法，学生更易于接受。不同情节、不同主题的游戏，具有不同的教育意义。现将经常用的象征内容做以下简述。

①象征动物。经常用到的有鹰、鸡、兔、青蛙、马、鱼、猫、鼠、狼、狐狸、龙等。

②象征劳动。如农民种田、工人做工、开火车、开飞机等。

③象征战斗。如支援前线、救护战友、越过岗哨抢救伤员、听从指挥等。

④象征自然环境。如小树林、黄河、长江、山脉、大海、原野等。

⑤象征科技。如卫星、航天飞机、同步加速器、正负离子对撞机等。

（四）渗透性

使思想教育有机地渗透到游戏教学的全过程之中，实际上也是对创编游戏的目的性、寓意性、象征性等各种特性的综合。游戏毕竟不是政治课，也不是品德教育课，但游戏具备向学生进行思想教育的有利因素。

游戏创编者应该善于将思想教育因素渗透到所创编的游戏之中；游戏运用者则要善于从游戏中挖掘其中的思想教育因素。

对于一些纯锻炼性的游戏，游戏创编者也不必牵强附会，要实事求是。如教材中的"青蛙过河"虽然采用了动物象征性手法，具有一定的锻炼价值和趣味性，但它的目标只是发展学生跳跃能力，这样也就没必要再添加什么思想教育因素了。

三、启发创造性原则

我国小学体育游戏教学任务为，培养学生对体育的爱好，启发学生的思维活动，促进学生智力的发展。

当前，教育发达的国家都非常重视学生创造力的发展，这些国家的教师把培养学生的创造才能的目标有意识地落实到各科教学中。

在现行的体育教学大纲中，在体育教学的第三项任务里，就明确地提出了要使学生具有创造的精神。

因此，启发学生思维、开发学生智力、培养学生的创造能力，应是体育游戏创编者不可忽视的重点。

（一）启发式创编

在创编游戏时，游戏创编者首先应贯彻启发性原则，要通过游戏启发小学生想象力。爱因斯坦曾说过："想象力比知识更重要，因为知识是有限的，而想象力概括着世界上的一切，推动着进步，并且是知识进化的源泉。严格地说，想象力是科学研究中的实在因素。"一切思维创造活动都离不开想象。想象力是学生智能的重要组成部分。

要提高学生的想象力，就要给所创编的游戏注入启发学生思维的因素。一些为低、中年级学生创编的发展想象力的游戏，如"海上风云""公园的早晨""逛动物园""前线枪声"等游戏，把学生的想象思维，一会儿带到了烟波浩渺的大海上，一会又带回到了幽雅的公园里，一会又带到战斗的前方，激发了学生的思维想象力。这些游戏的玩法是，由教师述说某一情节或某些现象，由学生模仿做动作，学生模仿完后，由教师评判谁模仿的形象逼真、活泼自然。

（二）益智式创编

游戏创编者在创编游戏的过程中，还要特别注意所创编的游戏是否有益于开发学生的智力。体育游戏在开发学生智力上有着得天独厚的优势。其他学科常常带有一定的强制性，而体育游戏不是在外界强制的情况下进行的，而是在学生发自内心的、非常有兴趣的情况下进行的，这有利于学生健身益智和良好的思维品质的发展。

这就要求游戏创编者在设计游戏时，在保持游戏的锻炼性、教育性的原则下，多向游戏中注入益智"催化剂"。

例如，"喊号占圈"游戏是在场地上划三个大圈，三个圈呈三角形，每个圈之间相隔8至15米远，每三人一组进行游戏，教师发令，如果喊"1号、2号、8号"，三人便按逆时针方向跑，1号追2号，2号追8号，8号追1号；如果喊"8号、2号、1号"，便按顺时针方向跑，8号追2号，2号追1号，1号追3号；如果教师喊"1号、2号、1号"或"3号、2号、8号"，游戏者便不能动。这个游戏看似简单，对于中低年级学生来说，有利于其积极思维和反应力的发展。

还有一个适合中高年级学生的游戏叫"看谁算得快"。这个游戏的创编者巧妙地把算术中的加、减、乘、除运算编入游戏中。学生根据口令要跑、要追、要组合、要运算。这个游戏既益智又健身，是难得的好游戏。

为了有益于智力开发，游戏难度要适中。如果难度过大，学生完成不了就会丧失信心；如果难度太低，学生动脑的机会少，对其积极思维的发展不利。

（三）创造式创编

才干来源于志向、才干来源于活动。因此，教师在创编游戏时应注重创造性，多进行创造式创编，应该为学生提供充分施展其聪明才智的机会。具体做法可从以下几个方面入手。

1. 设立悬念

游戏创编者可以不直接告诉学生游戏答案和方法，而让学生在游戏中自己寻求办法，解决问题，使游戏顺利地进行下去。以"套花篮"游戏为例，这是一个使全身都能得到活动的三人游戏。在进行游戏时，三人手拉手，轮番套身，默契配合，情趣盎然。游戏创编者在游戏方法方面，不应直接点明三个人怎么拉手，而应让学生自己研究、探讨正确的拉手办法，这样可以培养学生解决问题的能力。

2. 发散思维

发散思维的游戏酷似数学中的"一题多解"。例如，一个游戏规定了几个人用一个球，教师可以让学生创造新玩法，不必因循守旧，只要这个游戏是健康的、安全的、有锻炼价值的即可。这样做的结果：一组人积极讨论，人人出谋划策，也许能提出十种左右的方法。这种方法不仅要求学生会玩，还要有创造性地玩。类似这样的游戏还有"一棍多练""一绳多跳"等。

3. 创设机会

游戏创编者在创编游戏时可以考虑为学生提供机会以发展其创造能力。例如，有一个游戏叫"造型接龙"，它就充分体现了这一点。这个游戏的目的在于培养学生团结协作精神，提高学生的创造能力。在进行游戏时，教师发给每一位学生一块积木；发完后，各组的第一个人手持积木起跑，跑到跑道的另一端，将积木码放在适当的位置或摆成一定的造型；第一个人跑回后，与第二个人击掌，第二个人接着第一个人的造型码放积木；最后，以摆出造型美观、有创造性，且跑得快者为胜。

4. 调动右脑积极性

人的大脑分为左、右脑两半球。左、右脑的功能各不相同，左脑主管逻辑思维，右脑主管形象思维。只有大脑左、右两半球协调配合才能使创造力得到最大程度的发挥。而目前一般学生左脑用得过多，而右脑却处于"荒废"状态。游戏可使这种状况得到大大改善。这就给游戏创编者赋予了一项新的使命——调动学生右脑的积极性。

另外，游戏创编者创编的游戏还要在加强学生左侧肢体运动上给右脑以刺激，以唤醒右脑。如"投标靶"一类的游戏，90%以上的学生都用右手投击，为了开发右脑，游戏创编者还要增加左手投击的内容。对于"房子""跳十字"一类的游戏，游戏创编者也可增加左脚距跃的动作。

综上所述，无论是启发式创编，益智式创编，创造式创编，它们都有内在的联系，但也各有侧重。有的游戏可以侧重其中一个形式，有的游戏则可以综合多种形式，但目的都是为了启发思维、开发智力、培养学生的创造力。

四、趣味性原则

游戏的四大特点：锻炼身体游戏化、竞赛娱乐化、发展智力趣味化、寓教于乐兴趣化。不难看出，游戏的特点离不开娱乐、趣味。游戏的特点是由它的本质所决定的，也是体育游戏的本质特征。如果游戏完全失去了趣味性，也就不能被称为游戏了；如果游戏的趣味性很弱，就不能被称为好游戏。

趣味性强的体育游戏才能大大激发学生的锻炼兴趣，更好地发挥出其应有的作用。因此，游戏创编者在掌握了游戏的锻炼性、教育性、启发创造性等原则后，还要开动脑筋设法使自己创编的游戏更具有趣味性。这就要求游戏创编者在以下几个方面下功夫了。

（一）创新体验

游戏内容要具有时代感，符合科技进步的特征。我国古代体育游戏种类很多，但不一定适合当今的体育课。如果游戏创编者再创编出类似"击壤""抛嘴"一类的游戏那就太可笑了。

体育教材中所选编的游戏，虽然数量不足，但都属于范例性的游戏，具有很强的生命力，游戏创编者在创编游戏时，应在原有的基础上有较大的创新。如"转炉炼钢""志在四方""电子琴""同步卫星""航天飞机""同步加速器"等游戏，就表现出了游戏的新颖性和强烈的时代感。

（二）增加乐趣

在游戏中增加竞赛机制是提高趣味性的有效办法。学生的兴趣主要来自竞争。竞争的因素越多，游戏就越刺激；游戏的花样越多，趣味性就越强。

如教材中的"打龙尾"游戏，如果各组进圈扮"龙"被击，不计时间，也不计在规定时间内被击中的人数的话，那么这个游戏的趣味性就大大减弱；如按教材中规定的时间内计算被击中的人数，趣味性就会增强；如果按整条"龙"都被击中的方法计时，趣味性就更强了。

在类似各种走、跑、跳、投的游戏中，如果只是让学生一味地走、跑、跳、投，游戏就没有什么趣味性了，学生的兴趣也会锐减。如果在创编时，设计出多种多样的竞争方法，游戏就变得有趣了。

针对适合 2 至 8 人做的小游戏，游戏创编者在创编时也应力求能决出胜负。对于不太好计名次、计时间、计胜负的准备整理型游戏，游戏创编者可通过精心设计游戏的动作来增强趣味性。

（三）因材施教

游戏的动作设计要有一定的针对性。对于低年级学生来说，他们更喜欢拟人手法。很多游戏可以以动物的形象出现。比如游戏"老狼老狼几点了"，在设计时，扮作小白兔的同学要求欢蹦跳跃，扮演老狼的同学要求屈背弯腰，两手背后，表现出一副老奸巨猾的模样。这样，幽默的情景就出现了，学生也在妙趣横生中得到心理上的满足。

游戏创编者在为中、高年级学生设计游戏动作时，就不能照搬这种办法了。高年级学生更喜欢寓意深刻带有技术性的游戏动作，游戏创编者可针对他们的特点进行创编设计。例如，在六年级学生学习篮球基本技术期间，游戏创编者可以结合原地防守摆脱的技术动作创编一个叫"捉木偶"的游戏。这个游戏要求防守者用一块手帕（最好带人物头像的手帕）包住一只手，另一只手攥住这只手的腕部，连同手帕攥牢，以一脚为轴，可以任意转动，就像耍木偶一般；进攻者只要能触及那只木偶就能获胜；一段时间后，二人可交换进行。这个游戏动作风趣幽默，且具有很高的技术动作要求，深受学生的欢迎。

（四）设置情境

低年级学生富有好奇心，也最爱听故事，如果游戏创编者能把简单的故事情节编入游戏中，会使游戏的趣味性大增，也能激发学生参与游戏的兴趣。如"白兔与青蛙"等游戏，都是由故事情节演变、发展而成的。只讲"白兔与青蛙"的故事就已经很动人了，再让学生身临其境体验一下故事情节，那游戏的趣味性就更强了。

"保卫边防"是适合中、高年级学生进行的游戏。"保卫边防"原本就是一个故事，故事内容是边防军根据敌人偷越入境的痕迹，发出信号，最后把敌人包围起来一网打尽。在游戏中，有的小组扮"边防军"，有的小组扮"巡逻队"，有的小组扮"敌人"。在游戏中，他们追、跑、堵、截，都进入了角色。游戏给他们带来了莫大的乐趣。根据故事创编游戏，也是创编游戏的一种好办法。

五、安全性原则

全面发展学生的身体素质,提高其基本活动能力,促进其身心健康,是体育游戏最根本的目的。如果由游戏创编的失误而引起伤害事故,那就得不偿失了。因此,游戏创编者在创编游戏的过程中要高度重视安全性原则。游戏的安全隐患和创作上的误区大都存在于游戏的动作、方法、规则、场地设计等方面。

(一)动作设计

在求新、求奇、求异的心理作用下,有的游戏创编者对动作的设计一味追求高、难、新、奇,结果给游戏埋伏下了安全隐患。例如,有一个二人对抗性的游戏叫"撞拐",游戏者单脚着地,另一条腿盘起,并用手提其踝关节,二人以膝对膝相撞。这个游戏在某些地方很流行,主要因为它对抗激烈,且有一定的趣味性。但它忽略了安全性。学生的骨密质较少,骨的硬度小,关节的坚固性差,易变形。二人以膝关节对膝关节相撞,随时都有发生事故的可能。和上述游戏类似的脚部游戏就更危险了。还有一个游戏是"鱼跃滚翻拉力"。鱼跃滚翻动作难度本身就超出了大纲的要求,而且这个游戏需要往返接力。学生为了求快,就不会再注重动作质量了,结果就导致了不断出现脖颈扭伤事故。

如果对上述两个游戏的动作重新进行设计,就要注重提高其动作的安全系数。如将"撞拐"改为"单脚跳推手",将"鱼跃滚翻接力"改为"跳过皮筋接力",更为有趣和稳妥。

(二)游戏方法

游戏的方法和游戏内容直接相关,也和创编游戏的指导思想有关。如果创编游戏者不抱有认真负责的态度,就可能在安全上造成更大的隐患。我国北方农村流行一个叫"挤豆腐"的游戏,这个游戏就是找一面向阳背风的墙壁,学生乱挤一通。这种游戏既不安全也无教育性,反而会导致自私自利、损人利己的不良后果。

还有一个游戏叫"骑马打仗",每三人为一组,每组有一人骑在其他二人身上,与另外的组进行搏斗,直至有一位下马落地为止。在这个游戏中,骨折摔伤者层出不穷,教师应禁止学生玩这个游戏。

(三)游戏规则

规则的不合理或不明确也可能导致伤害事故的发生。在对抗性游戏中,双方力量应接近均等;击打、投掷类游戏对击打部位应有明确的要求和规定。

另外，对违犯游戏规则者是否有明确的判罚规定等方面也不可忽视，否则这将可能成为游戏的不安全因素。

（四）场地与器材选择

场地和器材是游戏顺利进行的必备条件。

类似"打活动目标"的游戏要求围的圆圈要足够大，比如半径本来应该是45米，可实际只围了8米，这样，由半径小导致圈太小，就可能出现球击伤人的事故；类似"穿梭接力"一类的游戏，对于跑的路线、组与组的间隔，也要有明确的规定；有关"障碍赛跑"一类的游戏，障碍物的设置、障碍物的间隔都属于安全因素的内容。例如，有人将"障碍赛跑"设计为第一道钻桌子，第二道为跳桌子，第三道为前滚翻，然后返回，用课桌作为障碍物，不仅不利于对学生进行爱护公物的教育，而且也是很不安全的。如果把第一道障碍改为钻皮筋，第二道改为跳过一定高度的跳箱，第三道改为匍匐前进，这样就会很安全。

此外，对于游戏所需的其他教具和器材，如投掷物、攀爬物、跳跃物等器材，游戏创编者应在创编游戏时做出合理的规定或选用范围。

游戏创编者应统筹兼顾体育游戏的创编原则，防止顾此失彼。为便于记忆，现将体育游戏的创编原则编成顺口溜。

体育游戏讲创编，各条原则请牢记。
统筹兼顾不偏废，顾此失彼不可取。
增强体质素质高，教育功能发挥好。
游戏还要有趣味，寓教于乐不能少。
创造益智要培养，启发思维法最妙。
动作方法设计巧，安全系数才能高。

第二节 体育游戏素材、创编过程与创新编写的方法

一、体育游戏素材

游戏素材是组成游戏的基本原件，是创编游戏的原始资料。如果游戏创编者在还没有掌握好游戏的原始素材的种类、属性、用途时就开始创编游戏，那么，其所创编的游戏水平不会太高，游戏内容往往枯燥乏味，游戏的质量和数量都可能受到影响。

简单地说，游戏分类源于游戏教学的需要，也是很必要的。一位建筑设计师如果不懂建筑原材料的分类，那么他面对图纸时就会束手无策；一位游

戏创编者如果对游戏素材知之甚少，那么，他就不可能创编出更多、更好的游戏。具体来说，游戏素材分类具有以下几个方面的作用。

游戏素材分类有助于对素材的搜集。游戏素材种类繁多，上至天文、地理、宇宙，下至生活、劳动、学习。游戏素材广泛涉及社会生活、风土人情、地理风貌、动物世界等。如果不对其进行分类，眉毛胡子一把抓，未免会顾此失彼，不利于游戏素材的整理和积累。

游戏素材分类有利于游戏的创编。掌握了游戏素材的类别为进一步创编体育游戏提供了很大方便。游戏创编者可根据需要顺藤摸瓜，选取最佳的素材进行设计，以避免在创编时，临时现抓。

游戏素材分类有助于提高游戏的质量。游戏的质量在很大程度上取决于游戏素材的质量。游戏的情节和动作都受素材的制约，素材选得好，可以使情节更加丰富，动作更加风趣幽默。

（一）体育游戏素材的分类

游戏素材虽然种类繁多，但组成游戏的素材基本上可以分为三大类。一类是由动作组成的，另一类则是由象征性的内容组成的，还有一类则是歌舞性素材，相应地，体育游戏素材就可以分为以下三类。

1. 动作性体育游戏素材

动作性体育游戏素材又可分为以下几种类型。

①基本动作类素材。这类素材包括的内容很丰富，而且和低年级体育教材有关。如队列动作、走、跑、跳、投、攀爬、平衡、悬重、支撑等，都属于基本动作的内容。游戏创编者在创编游戏时，均可根据需要选用这类素材。

②基本技能类素材。这类素材包括田径中部分内容和基本体操、支撑跳跃、技巧动作。游戏创编者在创编侧重于中高年级学生的游戏时可选用这类素材。

③基本技术类素材。这类素材包括各种球类运动的技术和选用教材中的一些基本技术动作，游戏创编者创编高年级学生游戏时可选用此类素材。

④提高身体素质类素材。这类素材主要以提高学生的速度、灵敏性、协调性、柔韧性、力量等方面的身体素质为主。因此，这类素材又和技术技能有一定的联系。但因其以提高素质为主要目的，所选用的动作可以和技能、技术无关。各年级的体育游戏创编都需要这类素材，但需根据游戏对象选用。

⑤一般活动类素材。这类素材也很丰富，有的活动本身就具有游戏性质。如跳绳、跳皮筋、板羽球、跳房子、拔河、角力、水上、冰雪运动等，可以广为各年级的体育游戏所选用。

⑥劳动类素材。这类素材更为广泛，可以从社会中各个劳动工种的劳作中选取动作。如农民种田、工人开动机器、矿工开采矿石、建筑工人劳动、司机开车等。

2. 象征性体育游戏素材

象征性体育游戏素材又可细分为以下几种类型。

①生活类素材。这类素材包括人们日常生活中的衣、食、住、行等各方面。游戏创编者在挖掘选用这方面素材时，应选择接近学生生活和学生易于接受的生活内容，如打扫卫生、做饭、炒菜、过家家、诊断、通邮等。

②学习类素材。游戏创编者可从各学科中挖掘学习素材，这类素材包括数理化、自然、地理、历史、天文、宇宙、科学技术类的素材。

③体育基本知识类素材。体育基本知识是"三基"教学的重要内容之一。如体育的目的任务、体育常识、生理卫生、保健知识，都可运用象征性手法被选编为游戏素材。

④品德教育类素材。组织纪律性、行动听指挥、积极向上、好好学习等品德教育类素材可以象征性地被应用到游戏中。

⑤模仿类素材。这类素材主要指各种动物和以动物的习性、动作、特征为主的素材，这类素材是为低、中年级学生创编游戏时不可缺少的素材。

⑥故事类素材。这类素材大多出于文学作品中和民间故事。游戏创编者选取这类素材时，要选择浅显易懂，情节简单，适于在游戏中运用的故事情节。

⑦国防军事类素材。这类素材包括解放军形象、部队生活、战斗场面、海陆空军、守卫边防、保卫祖国等方面的素材。

3. 歌舞类体育游戏素材

这类素材在低年级运用得较多，特别是在新体育课程大纲中又安排了唱游课以后，以唱游形式出现的游戏还渐增多。高年级歌舞类体育游戏则以表情歌舞和律动为主。因此，把歌舞作为一类素材，有助于载歌载舞式的游戏繁荣发展。

在选取运用这三大类游戏素材时，游戏创编者可以单独运用某一素材中的一种，也可以综合运用几种素材。总之，应根据游戏的需要来定夺。如游戏"青蛙过河"，模仿象征的是动物，其动作属于基本动作"立定跳远"；游戏"保卫边防"运用的是国防军事类素材，动作包括技术性动作，以跑、跳、投动作为主。

（二）体育游戏素材的搜集方法

体育教师在进行体育游戏创编时，在掌握了游戏素材的分类后，就要根据需要对素材进行广泛的搜集。搜集方法多种多样，可因人而异，但如果采用的方法得当，素材的搜集便会取得事半功倍的效果。下面，笔者介绍三种素材的搜集方法，以供参考应用。

1. 学习研究法

首先，体育教师应注重理论的学习。理论是一切工作的指导思想，在对较为系统的理论进行学习后，认识水平就会提高，思路也会随之开阔。体育教师应比较广泛地学习有关教育心理学、运动心理学、创造思维学、美学等教育理论。通过学习，体育教师除掌握了正确的教育指导思想外，还可以系统地了解学生的生理、心理等特点，为游戏素材的搜集打下良好的基础。

其次，体育教师要注重对中外有关游戏的资料的学习和研究。有关游戏的资料是前人对游戏教学和科研成果的总结，对游戏的发展起到了巨大的推动作用。通过对这些资料和论著的学习，体育教师不仅知道了中国孩子们怎么玩，还知道了外国孩子怎么玩；不仅知道古代的孩子们怎么玩，还知道今后孩子怎么玩。这样，无论是横向还是纵向的搜集素材的范围都将更大，而且有关游戏的资料对体育游戏的创编也有更大的指导意义和实用价值。

再次，体育教师还要注重对游戏教学的经验学习。体育教师平时要留心书、报、杂志，书刊经常刊载一些短小精悍的有关游戏的专题经验文章。这些文章有的涉及了游戏教学，有的涉及了游戏的创编，还有的涉及了游戏素材的分类和整理等内容。这些文章大都出自体育教师之手，来自学校体育的第一线，它更贴近创编实际，其指导性不可忽略。

最后，体育教师应观摩学习。随着体育教学改革的发展，体育研究课、观摩课、评优课非常多，体育教师不应轻易错过这样的机会。特别是以游戏为主要研究课题的研究课，更是学习和研究的好机会。通过观摩，取他人游戏之长，补己游戏之短，对启发教师积极思维，发挥其创造能力非常有益。眼界开阔了，创造思维得到了发展，这对素材的搜集大有裨益。

2. 深入观察法

（1）深入生活，善于观察

创编游戏是一种创造，搜集素材也需要创造力。凡创造力高者都具有敏锐的观察力。对于生活中的一些事物，大多数人都看过，但每个人看后的结果却很不相同。有的人天天看，却熟视无睹；但善于观察者能把所看到的事物能迅速反映于大脑，进而经过综合加工，善于观察者就可能从中发现什么。

若再加上想象、联想，可能还能创造点什么。许多人每天都要从十字路口、红绿灯处经过，但并没有从中悟出什么。但有一位游戏创编者，他在观察完红绿灯后就在这上面下了功夫，游戏"红绿黄灯"就这样诞生了。

上述这种观察属于是机遇性的，为了更多、更广泛地搜集素材，体育教师还要有目的的、有计划的、有针对性的深入农村、工厂或厂矿、部队进行观察，也可以通过探亲、访友、旅游、参观去进行观察。

观察贵在长期积累，游戏创编者在积累了充足的素材后，素材与素材之间还会发生横向联系效应，再创编起游戏来会达到思如泉涌的地步。

（2）参加活动，取其素材

体育教师和学生交朋友，有着非常大的优势。教师长期与学生接触，而且教师总有一颗"童心"做后盾，与学生交友融洽自然。教师在和他们交友的过程中，可尽取学生游戏素材中精华为我所用。很多游戏素材如"量步""张三跑、李四追""轱辘锤""锤、剪、布"等游戏素材就来自学生的活动。上海有位教师，人称"游戏大王"，他创作的游戏颇丰，他的游戏素材很多都来自与学生共同进行的游戏中。

学生中的游戏并非尽善尽美，有的游戏并不符合游戏创编原则，如在胡同里流行的"我们都是木头人""上高山""官兵捉强盗"等游戏，无论从名称到游戏方法都存在很大问题，甚至含有不健康的因素。但孩子们自己玩起来却不知疲劳，乐而忘返。原因在于，这些游戏都有趣味性，游戏创编者可以将这些游戏搜集起来，进行"改头换面"或"粉身碎骨"性的加工改造，使其精华得以发扬光大。

3. 积累整理法

游戏素材的搜集贵在积累整理。如果搜集很多游戏素材，而不对其加以整理，或只采用记忆式，那么这堆素材，就不适于实际，会随时间的流逝而渐渐被忘却。

积累整理是需要动笔的，积累整理也意味着创编游戏的开始。实践证明，很多游戏是萌芽于积累整理过程中的。体育教师在积累整理时一般可采用下列方式。

（1）表格卡片式

较为简明便于直观对比的办法就是采用表格式或卡片式的积累整理法。表格式的积累整理法是指将所搜集的素材叫什么名称、搜集于何处、主要内容、主要动作、象征什么等，分别填写在表中，积累多了以后，再对比进行取舍。

还有一种是卡片式的积累整理法，它是指游戏创编者把自己认为重要的素材摘抄在卡片上，一般在一张卡片只写一项内容，然后将它们分门别类排列在一起，存放在盒子里，以备日后查找使用。

（2）心得批注式

在搜集游戏素材过程中，游戏创编者会获得许多心得体会，他们会把这些体会整理出来，这些素材再加上些批注，便会成为游戏创编的珍贵资料。

游戏创编者自己的心得批注会对自己的创编活动起到很大的鼓舞和推动作用，从此便一发不可收，由原来的十几例很快就会发展到百余例。这就是写心得体会的作用。

（3）剪报复印式

为了开阔眼界，积累更多的素材，体育教师自己应订阅两份体育报刊。体育教师如果看完后，将报纸随手一丢，那就太可惜了。体育教师可以将之剪成册，分门别类地做好目录索引，这样，它便成为一份实用价值很高的资料。

如果体育教师在城市大型图书馆借阅的书刊上发现了有用的资料，便可将之拿到图书馆内的复印处去复印，十分方便。

剪报复印册的使用价值高的原因在于搜集者是有针对性、定向性地获取资料的，剪报复印册的实用性是其他书籍不可比拟的。

本节所述的有关搜集素材的学习研究法、深入观察法、积累整理法之间有着密不可分的内在联系，要学习研究就必然要进行观察，学习和观察就是一个积累的过程，积累整理的过程又往往是一个再学习、再观察的过程。因此，上述三种方法缺一不可，不可偏废。

二、体育游戏的创编过程

（一）选择体育游戏素材

选择体育游戏素材是体育游戏创编过程中的第一个环节，也是十分重要的一个环节，所以体育教师一定要选择好体育游戏素材，选择体育游戏素材的依据如下。

1. 针对性

体育教师在选择素材时，首先应有针对性地去选择。所创编的游戏如果是专门用于教学的，那么体育教师就要根据教学大纲的教学任务选择相应的游戏素材。

选择素材还要根据各年级的特点来进行。例如，针对小学低年级学生的年龄特征，选择的一般动作素材应以基本动作为主，还要侧重于带有情节和象征性的游戏素材。若是为高年级学生创编游戏则应选取以基本技能、基本技术为主的素材，在象征性内容方面，应多选取寓意性较强的劳动、生活、工作和体育知识方面的素材。

针对中、低年级的特点，体育教师还可选择一些歌舞素材，并将之运用到唱游游戏的创编中。

2. 定向性

体育教师还可根据实际需要定向选择素材。比如，有的游戏是用于课外活动的，那么，体育教师可适当加大素材的选择范围。所选择的素材可以是具有辅助教学性质的，也可以和教学没有什么联系。课外活动一般人数多，平行班级多，针对这种情况，体育教师应选择集体性的和易于开展竞赛的游戏素材。

根据寒暑假需要布置家庭作业的情况，以及学生需要在家中或庭院、胡同里进行游戏的特点，体育教师可定向选取相宜的游戏素材。体育教师应选不受场地限制，不太需要用器材的游戏素材。

根据学生业余训练的需要，体育教师还可定向选择技术性较强的适合训练项目的游戏素材，以提高学生的训练效果。

（二）构思设计体育游戏的过程

创编游戏是一个发明创造过程，它和科学家的发明创造在本质上是一样的。不过创编游戏是发明创造学生的玩法，因此，它也具备了发明创造的一般规律。构思创编设计游戏的过程一般要经过下列四个阶段。

1. 准备设计阶段

这是设计的最初阶段。在这个阶段，体育教师首先要提出创编游戏的课题。这种课题可能是总体的、一系列的；也可能就是一个游戏的命题。然后，体育教师应根据选定的课题、命题，选择相应的游戏素材和其他资料，思考、研究大致的设计。

后续工作的顺利完成主要靠体育教师的"钻劲"和"韧劲"了。有钻劲的人，具有强烈的创造欲望，总想"做点什么""非得干出点什么"。体育教师有了"钻劲"，再加上积极的思维、丰富的想象力，才能迈出创编的第一步。

例如，体育教师首先确定了创编"一分钟游戏"的设想，接踵而来的就是在"一分钟"上做文章。相应地，体育教师对短小精悍的游戏素材也极为敏感，他们手中掌握的素材往往不够用，所以他们就到处去搜寻。这个阶段可长可短，因"课题"大小而定。准备阶段的主要作用是为以后的创编打基础。

2. 酝酿创编阶段

酝酿创编阶段是一个复杂的过程。体育教师有时思如泉涌，创编非常顺手；有时则冥思苦想，总想不出好方法、好主意，致使游戏创编一度中断。本来已选好了游戏题目，也想出来了大致的游戏轮廓，就是在细节上过不了关，这在创编中是常有的事。体育教师如果过不了这一关，就将前功尽弃。

还是以上述的"一分钟游戏"为例。例如，体育教师原计划创编100例，但创编到35例时，就创编不下去了，距离100这个数字还有一段距离。如果此时抛弃它很太容易，一丢了事，但是有韧劲的体育教师会反复酝酿、反复联想，甚至潜在的意识也在不知不觉中活动，这是内因在起作用。外因也不可忽略，如果体育教师能够争取到相关人员的具体帮助，就可以继续创编过程了。

3. 灵感顿悟阶段

作家、诗人谈创作经验时，经常会提到创作灵感。其实，创编游戏有时也要靠灵感和顿悟。但这个灵感是在第一、二阶段，经过认真的准备期、酝酿期后才会产生的，也就是在注意力高度集中的时候才能产生灵感。苏联艺术大师列宾说："灵感是对艰苦劳动的奖赏。"作曲家柴可夫斯基也曾说过："灵感是这样一位客人，他不爱拜访懒惰者。"这句话看来是很有道理的。在教高年级篮球的"防守摆脱"战术动作时，体育教师往往要在准备部分徒手进行专项技术动作的演示。由于正在创编"一分钟游戏"，潜意识活动比较频繁，在学生每两人做徒手的进攻与摆脱中，体育教师可能会突然"顿悟"，当时的感觉是"可把你找到了"。这种突然而来的想法，就是灵感。

4. 验证实施阶段

在前三个创编游戏阶段的基础上，体育教师要对所创编出来的游戏进行验证，看它在实践中是否经得起推敲，学生在应用后有什么感受，是否觉得有趣，等等。如果所创编的游戏应用效果并不理想，就要考虑是哪一个环节出现了问题。如果是不符合年龄特征的话，体育教师可以将其应用于其他年龄组的体育教学中去验证；如果属于创编原则不当，那就要大拆大改了，直至将其加工为"合格的优质产品"为止。

三、游戏教学创新编写的方法

游戏的应用范围很广，不管用在什么方面，体育教师所创编的游戏最后都要落到纸面上，这就牵涉到游戏的书写问题了。这也是游戏创编的最后一道"工序"。一个好游戏如果书写得不够完美，可能会使原游戏减色，反之，便会使游戏锦上添花。

（一）体育游戏的创新编写方法

把所创编的游戏变成书面方式，需要根据需要或读者对象的不同，写成不同的方式，一般可分为教案式、简述式和条理式三种。

1. 教案式

大部分游戏创编者所创编的游戏将直接被运用于体育教学之中。体育教师可在备课写教案时，将游戏书写于教案中。在创新编写体育游戏时，体育教师可先将游戏的目的与课的任务合为一体写出；再看游戏是在哪个部分出现的，是开始部分还是准备部分，是基本部分还是结束部分。例如，如果游戏将出现在准备部分，那么，体育教师就应在准备部分栏中写上游戏的名称，在组织教法栏中写出游戏的简要方法和规则，有必要时再配以简图，在两栏中间部位注明预计游戏的次数和时间，在教案的末端要注明所需器材名称和数量。

由于是将游戏写在教案中，如果不是观摩课，只供自己使用，游戏过程和方法不必写得太详细，只做到提纲挈领即可，配一个插图再稍加简要文字，有时就能解决问题。

2. 简述式

体育教师所创编的一些游戏有时内容短小，形式简便，此时，体育教师可采用简述式书写方法；还有的游戏属于课外游戏或家庭游戏，其读者都是小学生，此时，体育教师则更应采用于简述式写法。

简述式的特点是简洁明了，游戏创编者不用书写游戏目的、规则、教学建议，只把游戏的方法写出来即可。

例如"投活动篮"游戏采用的就是简述式的编写方式：在地上画一个直径为5米的圆圈，选一人头顶篮子，双手扶稳在圈内任意跑动，大家分散在圈外，每人拿一只小皮球或乒乓球投之，谁把球投入篮子，即可互换角色。这个游戏仅用了66个字，便把游戏的场地、器材、玩法完全叙述了出来，文字浅显，宜于学生阅读。

3. 条理式

有的游戏创编者所创编的游戏需要推广或要在报刊上发表出来，还有的游戏是要被编辑在教材中或专著的游戏工具书中的，那么编写方法就要具有全面性和条理性。在编写这样的游戏时，一般要编写如下七部分内容。

①游戏名称。

②游戏目的。

③游戏准备。该部分应说明场地规格、划法、所用教具、器材数量，分组或分队方法，等等。

④游戏方法。该部分应叙述说明游戏从开始到结束的全过程，活动的方式、方法、信号、动作等方面的要求，游戏的简单要领和活动的次数，以及游戏始末的队形变换，等等。

⑤游戏的规则。该部分应说明规定规则的条文，以及判定胜负的方法。

⑥教学建议。有时也被称为"教法提示"或"注意事项"，其内容大同小异。该部分应说明游戏的适用范围、教法步骤、安全措施和解决游戏冲突的应急办法；还可提示类似的游戏还有什么，便于教师举一反三，创造性地应用。

⑦配插图：插图也是游戏书面形式的重要组成部分。插图可多可少，可简可繁。如果作为正式读物，那么不仅需要较多插图，而且对图的水平要求也高一些。

（二）创新编写体育游戏时应注意的问题

1. 推敲游戏名称

游戏的名称就像一篇文章的标题一样，往往能起到画龙点睛、概括全文的作用。因此，给游戏取名也要经过再三的推敲，切忌名称冗长，用词生僻，平庸无味，应力求达到恰如其分、词汇精美、形象动听的程度，一般应控制字数在2至7个字的范围内。实践证明，2至7个字的名称简明扼要，便于记忆，容易上口，较受欢迎。

2. 语言描述应精练

描述游戏的篇幅一般都不太长，短者几十字，长者也不过五、六百字。描述游戏的文章要求语言精练，切忌啰唆，体育教师要经过字斟句酌，切忌词不达意；另外，还要注意叙述的逻辑性，切忌前后矛盾。

在编写游戏目的时，体育教师要从培养品质和提高运动能力两个方面入手，力求达到准确而简练。例如，"培养学生机智、果断、行动迅速敏捷，提高奔跑和投掷能力"，仅23个字，就把这个游戏的锻炼目的勾勒出来了，令人一目了然，实用价值高。

游戏方法是文中的主要内容，篇幅可稍长，一般应该包括游戏的场地、设备、人数、分组和游戏的进行、游戏的结束、应做到层次分明，切忌前言不搭后语。

有的游戏属于歌舞、唱游性质的，内容中有时则出现歌词、儿歌、顺口溜之类的内容。这些内容如果属于自编，就要讲求一些艺术效果，词语要求内容健康，符合学生口语。儿歌则要求合辙押韵，朗朗上口。

游戏规则和教学建议的编写则要求内容和游戏方法匹配，易于实际应用，并在教学建议、教学提示中给予应用者一定的改革、思考、发挥的余地，使之起到导向的作用，使读者从中得到某种启示。

第六章　小学体育教师的培养创新

体育教师作为体育锻炼的指导者，在提高小学生体质健康水平过程中具有重要的作用。因此，只有不断提高体育教师的创新能力，才能使体育教师更好地在提高小学生体质健康的过程中发挥更加积极的作用。体育教师作为新思想、新观念的带头人，如何牢固树立小学生体育教育"健康第一"的指导思想，摒弃竞赛运动的教学观念、淡化竞技化的教学方法，建设新的体育课程，成为当今小学体育教师创新能力培养的核心内容。

第一节　小学体育教师的角色定位

一、教师角色与社会形象

（一）教师角色

我国古代早在春秋时期就已经出现了教师这一职业，"官学衰落，私学兴起"这一新现象的出现便是最好的体现。"士"阶层的出现，也为教师这一职业的出现奠定了社会基础。周平王大搬家，王宫里一些文化官员和贵族被迫四处游荡，这也促使了第一批以出卖知识为生的"士"出现，这也标志着早期教师这一职业的形成。

教师这种职业开始拥有比较重要的社会基础和发展空间的一个重要标志就是"私学"的出现和发展。另外，人们也可以从韩愈的《师说》当中，体会到教师作为一种特殊社会职业角色的基本定位和规范。

在学校中专门负责教育教学活动的角色就是教师，可以说，教师的身份是比较特殊的，往往会受到很多行为规范的约束，同时还会表现出同其他职业不同的特点。

（二）教师的社会形象

教师的社会形象决定了教师的角色。社会公众会通过教师这一职业独有的特征对其进行最基本的认识和价值判断，也就逐渐形成了教师的社会形象。

教师的社会形象会根据国家和社会发展时期的不同而发生变化。

曾有人将我国教师的传统形象归纳为以下五点。

①文化知识最渊博。

②道德文化观念最正统。

③行为规范最完美。

④物质生活最清贫。

⑤自我修养最良好。

受传统道德文化的影响，现代教师的社会形象具有很强的民族特色。此外，社会对于教师的道德要求也是比较的严格的，这使得我国的教师将追求完美的道德人格作为一直以来所奉行的从业精神。

但与传统相比，现代教师的社会形象也发生了很大的变化。传统的教师形象往往都是男教师手持教鞭，十分严厉；女教师大多古板严谨；教授会给人一种心不在焉的感觉；学者通常都是十分受人尊重的；入职不久的青年导师都非常富有同情心；等等。

由此可见，教师的角色和社会形象既具有相对稳定性的特征，同时又随着社会的发展而具有新的特质。

二、小学体育教师的角色

（一）体育知识传授者

体育教育和体育课程的核心就是对体育知识的传递与传播，这一点从教育和课程起源时就已经被规定好了，并且不会以人的意志为转移。这也就意味着体育教师的首要角色就是体育知识的传授者。

值得注意的是，这里所说的知识传授指的是对现代知识的传授，是必须要超越传统的。传统的知识观仅仅只是停留在哲学反映论上，可以说是比较狭义的知识观，它所关注的也只是一些显性和陈述性的知识，带有十分明显的唯物主义色彩，它强调知识来源于外部世界。由此可见，若想仅仅依靠传统的知识观来对学校的教育、教学等进行指导是完全不够的。

这就需要教师在教学过程中建立起新的知识观，即通过对哲学和心理学进行研究而逐渐建立起来的广义知识观，广义知识观的形成告诉教师，知识是丰富多彩的，目前，学术界认为知识主要有以下两种分类方法。

1. 从能否被表现出来的角度来分

从知识的数量上来看，不可言说的知识在日常生活和科学活动中要比可言说的知识要多一些，这些知识都是大量的、不可计数的，可以说，这两个方面的知识是人类知识的总体。

一般来说，所谓"显性知识"，就是那些可以用语言、文字、符号等表现出来的知识。它是焦点意识或焦点认识的结果，具有可陈述性、公共性、意识形态等特征。

相应地，这些知识之外其他类型的知识就被称为"隐性知识"。"隐性知识"的基本特征就是无法进行逻辑的说明，所以它不具备"显性知识"的那些特征。虽然隐性知识相较于显性知识存在着许多不足之处，但是对于人类的认识活动来说，它却是非常重要的，它不仅对整个认识活动起到了支配作用，还为人们提供了最终的解释性框架和知识信念。

体育教学不论是与显性知识还是隐性知识都有着密不可分的关系。体育教学活动可以起到对显性知识进行传播的作用，同样地，隐性知识在体育教学活动中所起到的作用也是非常巨大的。

从类型上来看，教师、学生、教学内容、学习行为、师生交往、学生交往、体育教学过程、体育教学空间等方面都存在着隐性知识。不仅这些隐性知识会影响到体育教学活动的效果，那些隐性的认识模式也同样会对体育教学活动的效果产生影响。

由于显性知识和隐性知识的存在，以下几点是在体育教学课程和改革方面需要特别注意的。

①体育教师要试着改变以往自己只是显性知识"传递者"的观念，努力寻找体育教学活动中存在的不计其数的隐性知识，建构起"隐性知识传授者"的角色。

②体育教师应使体育教学活动中的隐性知识"显性化"，只有这样才能更好地认识、理解、检讨、修正和应用隐性知识。

体育课堂教学主要是对显性知识进行传递、理解、掌握、批判以及反思的过程，但是，仅仅向学生传递这种现成显性知识的成果和方法是远远不够的，还需要让学生大量掌握隐性知识的信念、概念、框架、方法与技巧等方面。

2. 从广义的知识观的角度来分

狭义的知识观认为，知识仅仅包括它的储存和提取。而广义的知识观则认为除储存和提取以外，还应包括对知识的应用。广义的知识可以被分为两大类（陈述性知识和程序性知识）和三亚类（策略性知识）。策略性知识是比较特殊的一类程序性知识，它主要对人类的学习、记忆和思维等一系列认知活动进行支配和调节。

在对知识概念进行讨论时，必须要提的就是技能概念。从技能的本质来看，它通过一套操作程序对人的身体和思维活动进行控制。所以，技能概念实际上是被包含在了现代认知心理学的程序性知识当中。从掌握知识的深度和熟练度来说，可以将技能纳入广义的知识范畴，但如果把策略性知识纳入其中，则会对知识的内涵和外延产生深刻的影响。

自古以来，小学体育课程的知识只反映了人们对自然和社会认识的结果，很少涉及人们自身认识的过程，哲学中虽有认识论，在我国高等教育阶段的教育计划中有哲学的认识论课程，小学生有时也会接触一点这方面的常识，但在传统学校教育目标中，这类知识一般只是作为陈述性知识来供学生学习。

随着认知策略领域研究的深入，人们对自身认识过程的知识将作为一种普遍可以迁移的技能来学习。有些心理学家把这种特殊的智慧技能称为对内调控的技能，即认知策略或反省认知技能。

（1）陈述性知识

可以根据复杂程度将陈述性知识分成许多种类，具体可以分为以下几种。

第一，主要指对一些具体、独立信息的回忆，重点在于具体指称物的符号。

第二，具体符号言语指称物等术语知识。

第三，日期、事件、人物、地点等方面的具体事实的知识。

第四，与组织、研究、判断、批判等相关的处理具体事物的方式和方法的知识。

第五，与对待各种现象和表达各种观念有关的惯例知识。

第六，与时间有关的各种现象所产生的趋势和顺序的知识。

第七，与类别、组织、分类、排列等有关的知识。

第八，对于各种事实、原理、观点进行检验和判断的准则方面的知识。

第九，在特定学科领域对特定问题和现象进行调查的过程中，需要用到的探究方法、技巧、步骤等方面的知识。这里的重点不在于个人使用方法的能力，而在于拥有关于方法的知识。

第十，用于将各种现象和观念联系在一起的普遍原理和抽象概念知识。

第十一，对观察各种现象后得到的结果进行概括所需要的相关原理和特定抽象概念方面的知识。

第十二，与一些比较复杂的领域、现象、问题等有关的重要理论和结构方面的知识。

（2）程序性知识

所谓程序性知识指的就是智慧技能。要运用概念和规则，就必须要深入学习和熟练掌握概念和规则。换句话说，就是人们先以陈述性知识的形式学习和掌握、编入命题网络并理解之后，然后需要通过在相同情境和不同情境中的练习,最后达到熟练的应用水平,相关智慧技能才得以形成。

这种智慧技能观包含了学习观、迁移观和熟练观。

学习观指掌握概念和规则,是形成智慧技能的前提条件。

智慧技能的形成涉及一个重要的观念之一就是迁移观。也就是说,已经学习和掌握的概念以及规则,不仅可以被应用到与之前学习情境相似的情境当中,还可以被应用到新的、不同的情境当中。

熟练观指学生学习的许多基本技能,如前滚翻、运球技能等要通过反复练习和反馈才能达到自动化水平。

陈述性与程序性知识的技能是相对的。不管是在学习阶段还是在应用阶段,它们之间都发生着相互作用。

其中,陈述性与程序性知识在学习阶段的相互作用主要体现在以下两个方面。

①在学习初期,程序性知识往往是以陈述性知识的形式出现的,然后以命令的形式被编入命题网络,只有这样,才能完成向程序性知识的转化。

②在学习的过程中,陈述性与程序性知识是相互促进的。如学生在初步掌握了前滚翻、运球的基本技能之后,便有助于他们掌握体操、篮球方面的陈述性知识。

反之,小学生在日常生活或课外阅读中掌握了有关体育的陈述性知识,则会有助于他们理解有关体育的基本技能。

陈述性与程序性知识在应用阶段的相互作用主要表现在以下几方面。

①进行某种操作需要成熟性知识为其提供依据。例如,学生练习前滚翻时应需要知道动作要领,这一动作要领就是陈述性知识。

②许多创造性工作需要陈述性知识,如体育教师创编一套广播操之前需要掌握其编排原理。

(3) 策略性知识

策略性知识,也就是认知策略,主要是指学生在学习和掌握智慧技能时,对其内部过程的改进和自我调控。他们不仅学会了相关智慧技能,还同时学会了怎样去学习和记忆,还学会了如何对自己的思维做出分析和反省,以便更有效地学习。

显然,在学生的不断学习中,他们很可能会变得日益具有自教或自学的能力,甚至到了一定的阶段,他们会变成独立学习者。

（二）终身的学习者

1. 体育教师成为学习者的原因

（1）知识陈旧率加快

随着信息时代的到来，知识正经历着迅速的增长和更新阶段，教师原有的一些知识储备和经验已经无法满足学生对知识的需求，这也就使得教师必须通过持续不断的学习，为维持教师这一职业的存在和发展打下坚实的基础。

（2）学习型社会的兴起

随着信息时代的到来，社会逐渐成为学习型社会，学习型组织、社区、家庭、学校也相继形成。所以，体育教师无论是在家庭、社会还是学校中，都必须是一个学习者。

（3）终身教育的发展

终身教育从20世纪中期萌生以来，经历了几十年的发展以后，到20世纪八九十年代，逐步演变成了全民教育，以满足每一个人的基本学习需要。同时，个人发展观念实现了历史性的飞跃，发展已经不仅仅是从出生到成熟的事，从受精卵、母体内的"十月怀胎"开始，到出生至成熟，一直到青年、老年直至死亡，人的一生均在产生有意义、有价值的发展变化。

这也就使得教育从以前的"阶段性"变成了现在的"终身教育"。所以，不论体育教师愿意与否，都必须成为一个学习者。

2. 体育教师学习的特点

（1）成人自我概念性强

体育教师对自己教师这一角色往往是比较看重的，他们更愿意将自己定位成生产者和做事者，而不是将自己定位成学习者。体育教师这种成人的自我概念，为他们的学习意愿赋予了特殊的内涵，他们希望自己的学习可以更自由、更具选择性，同时还会追求与其自身经验的关联性。当他们可以对自己的学习进行自我定向时，他们才会产生很强的学习动机和继续学习的欲望。

（2）经验在体育教师学习中十分重要

在体育教师的学习中，经验提供了一种丰富的学习资源。拥有新鲜的或丰富的经验，体育教师不仅能对学生的学习，而且能对同事和自己的学习做出贡献。体育教师学习中经验应用的重要性，在成人教学研究中越来越得到重视。

另外，学校应创造互动活动，以便于教师新鲜经验的生成。在一起分享和反思他们的经验过程中，所有参与者都有机会成为丰富的学习资源。新鲜经验在相互交织并与过去的经验相联系时，就会变得更加有意义。

（3）体育教师的学习准备性

众所周知，正是在一系列的学习活动融入学习任务之中，使学习者得到学习机会，他们准备好吸收和组合一定主题或活动的时候，教育性发展才会得以最好的发展。这就意味着，体育教师对学习事物或经验教学时刻的准备性，依赖于学生在不同发展阶段的需要和兴趣。体育教师之间的学习需要和兴趣是不同的，并不是所有体育教师都会在同一时间具备学习的准备性。

体育教师学习需要以"小队学习"以及"结队学习"的形式，因为这些形式可以给予教师选择的弹性和发现具有相同发展任务的同事的机会。这样的方法就为体育教师学习提供了诸多机会，以接收评论反馈，分享多种观点、知识和专长，并进行充分交流和沟通。体育教师学习的准备性，是与"成人发展任务"的概念密切相关的，这意味着，体育教师学习的时间和内容是由他们自己选择确定的。

（三）学生的引导者

1. 引导学生的体育知识学习

过去强调的是体育教学过程中的教授问题，现在则强调体育教学过程中的学习问题。总的来说，体育教学过程的实质就是学生对已有体育知识和新知识的探求过程。

当今社会是一个"知识爆炸"的社会，学生在学习的过程中，应该把获得知识的过程中新的、独特的体验放在首位，而不应只注重对知识经验的获得，要知道，前者是体育教师无法"传授"的。

学生对于这样特定的学习探求，不管是在内容还是在方法上，都会或多或少的有一些手足无措，但体育教师对此则是比较熟悉的，这就需要体育教师给予学生足够的引导。

2. 引导学生道德品质的健康发展

一些研究表明，任何一种完整的道德品质都具备以下五种基本要素。

（1）知

知，主要是指对于道德的认知，它的主要表现形式就是对某种观点以及是非善恶的判断。一种完整道德品质的构成，必不可少的就是"知"这一认识基础。还未转化为行为习惯的道德认知，是不可以用来衡量一个人道德品质的优劣的。

（2）信

信，主要是指道德信念。人的言行一致或者不一致的现象在日常生活中都是比较常见的，这一现象固然同知与不知、知的深浅和知的正误有关，但在多数情况下，这一现象产生的最主要原因还是正确的知识没有转化为信念。可以说，知识能够转化成行为的中介就是信念。

（3）情

情，主要就是指道德情感。研究结果表明，只有当道德知识与情感体验之间产生共鸣时，人们才会对这种道德知识坚信不疑，才能将道德知识转变成支配自己行为以及满足个体需要的精神力量。信念的形成是离不开情感的，同时，情感也是知识转化为行为的关键点。

（4）意与行

意，指的就是道德意志。行，指的就是道德行为。意志决定了行为的产生，并且在意志的驱使下，人们长期的行为就会逐渐变成一种习惯。一旦变成了一种习惯，这种行为就会变成一种自动化、愉快的义务行为。

以上品德的五个要素，在具有相对独立性的同时，在其各自的发展方向和水平方向上也存在着相互不适应和不平衡的矛盾。只有各要素之间进行矛盾斗争的时候，才能达到知行统一。如果在矛盾斗争中有一些矛盾未能得到解决，那么就会出现知行不一的现象。

由此可见，知与行之间的转化，就是品德的五个要素不断适应、不断平衡的矛盾斗争过程。要掌握各要素的斗争过程，就应对每一要素及其相互关系进行具体剖析。

学生品德诸要素的相互作用和由知到行的转化，是一个个体社会化的过程。这一过程是离不开各种社会的外部条件的，一旦离开，便根本无法实现。这一过程当中最为关键的一个条件就是教师的正确引导，教师的引导主要可以起到以下作用。

①使学生对基本的道德知识进行学习和掌握。

②使学生对父母、亲人、教师、同学、他人、社会、国家、世界等更加关心。

③有助于学生将课本上所学到的知识与实际生活紧密地联系在一起。

④使学生积极主动地参与社会劳动和活动当中，用实际行动为祖国的社会主义现代化建设、为人民的需要做些有益的事情，不断地累积社会经验，同时也使情感体验不断地增多。

⑤使学生社会交往活动的范围更广，使其更好地融入集体生活中。

⑥有利于学生内部道德心理定向的形成和实现。

3. 引导学生的身心健康发展

体育教师对学生健康发展的引导，主要就是通过向学生传授体育知识和使学生养成日常进行体育锻炼的习惯，使学生形成并保持一种协调和谐的心理状态，也就是健康智慧。健康智慧就是身体和心理都始终保持健康的一种自觉状态，主要分为健身智慧和健心智慧。

在传统社会里，人的身体发展寓于体力劳动过程中，因此一方面，人们没有条件从事专门的身体锻炼以求身体健康发展；另一方面，体力劳动本身就是一种身体锻炼，没有必要专门通过体育活动以求身体健康发展，因而身体发展没有成为一种人类的普遍心理自觉状态。

可是，随着信息时代的来临，劳动人民从体力劳动中解放了出来，身体发展从体力劳动中分离出来回归人自身。这就必然要求人把身体发展从一种客观要求内化为一种自觉的意识和行为，从而孕育出了一种身体发展的普遍心理自觉状态。这一心理自觉状态主要包括以下几个方面。

①对自己的生命更加的热爱。

②对自己的身体更加的爱护，使自己的身体始终保持在一种比较健康的状态。

③更加熟练地掌握体育锻炼的相关知识、技能和方法。

④逐渐养成体育锻炼的良好习惯。

⑤注重健心智慧和其他各方面的健康发展。

在传统社会里，人自身的心理和人格，对人来说是自然而然形成的，所以人们普遍把社会实际生活状态决定的各种心理和人格状态，当成"命定"性的存在，不管其是否协调，都会无条件地认同和接受。

在现代社会中，随着人们对自身更加深入的认识，人们开始了对理想人格的追求。同时，受到多元文化和多元价值的影响，人们心理和人格等各因素之间的矛盾逐渐凸显出来，这就使得健心智慧逐渐被人们需要。

4. 引导学生的人生道路

在小学，学生正处于快速发展的时期，经历着人生道路的认识、选择和定向的阶段。体育教师对于学生人生道路的引导必须是全方位的，主要应该包括以下两个方面内容。

①根据学生的实际条件，引导学生树立正确的人生理想和抱负。学生理想与抱负不能过高也不能过低，学生不容易达到过高的目标，可能会打击学生的自信心；如果过低，学生的潜力又无法得到充分的发挥。

②引导学生实现人生理想的信心和恒心的养成，培养学生坚韧不拔的精神和毅力。

（四）课程的研制者

在现代西方学校教育中，人们把教师看作"课程研制者"。作为课程研制者，每位老师肩负的使命都是非常艰巨的，教师在课程研制方面，在不同阶段需要完成的任务不同。

1. 体育课程规划阶段

由教育行政部门颁布的体育课程计划、标准以及教学材料一般来说都是宏观上的，相对来说是比较抽象的，需要体育教师对其进行微观化和具体化之后，才能应用到课堂上。体育教师的具体任务如下所示。

①对体育课程的目的和目标进行较为具体的制定。

②对体育课本、教学参考资料进行选择。

③对学校和周边社区具有的体育课程资源进行识别和利用。

④对每一节课所涉及的范围进行确定。

⑤对相关体育课程的内容进行适当的删减。

⑥对体育教学计划类型进行确定，并负责体育教学计划的制订和新计划的实验，同时还要负责课外发展性和补习性计划的制订。

⑦对课堂上因材施教的途径进行设计。

⑧对体育课程的内容进行协调，负责对乡土体育教学材料的研制。

2. 体育课程实施阶段

在这一阶段，体育教师的主要任务就是组织体育教学活动进行，并将自己备课过程中形成的方案付诸实施，具体任务主要包括以下几个方面。

①对体育课本中的重点内容进行选讲。

②根据学生自身的特点，对重点学习的内容进行选择。

③对不同主题和单元教学所用的时间进行分配和掌握。

④配合使用一些有利于体育教学的设备和媒体。

⑤将材料和信息以最好的方式提供给学生。

⑥启用学生助手。

⑦对体育课堂教学和活动的策略进行选择和合理运用。

3. 体育课程评价阶段

体育教师不仅负责对体育课程进行评价，还负责对体育教学进行评价。一般情况下，这两种评价是不容易区分的，其中，体育教师在体育教学评价中的任务主要包括以下几个方面。

①在进行体育教学之前，对学生的已有水平进行评估。

②通过适时的检测，掌握学生的学习情况。
③组织学生对自己的体育学习表现和体育课程材料进行评价。
体育教师在体育课程评价上的任务主要包括以下几方面。
①确定计划能否满足体育课程目标的要求。
②要时刻清楚所制订的计划是否正确、可行，是否可以引起学习者的兴趣，是否可以满足学习者的需求。
③对所要讲述的材料、信息进行考察。
④对自己所完成的体育课程产品进行检验。

（五）体育课程与教学的组织者

1. 体育课程与教学组织的内涵

为了在体育课程与教学过程中实现"从内容到经验的转化"，体育教师的组织者角色就主要表现为进行相互关联的教学媒体设计与开发、教学环境设计与开发和教学活动设计与开发。

教学媒体设计与开发，是在传统的体育教师示范、黑板或白板以及粉笔等设计基础上，突出进行多媒体和网络媒体的设计，将教学内容与多媒体以及网络媒体相结合，使小学生的学习兴趣得到最大程度的激发；此外，还包括以计算机和网络技术为主要支撑，研制网络体育课程和教学材料。

2. 教学媒体设计与开发的基础

教学媒体设计与开发，就是以信息技术作为基础，以多媒体和网络为主，对体育教学媒体进行整合的设计与开发。使体育教学内容和媒体融合在一起，有利于学生对体育知识、经验、价值的学习。

（1）体育知识的学习

从人对知识的应用方面来看，人对于体育知识的学习应包括以下三个方面。
①对分科知识的学习。
②对各方面知识之间联系的学习。
③对于新知识获取技能的学习。

（2）体育经验的学习

由于人对于自己和世界的观念主要来自经验的构建，若想真正地实现学生的学习，就必须要将体育课程经验化。

目前，我国的体育课程只是注重外在知识内容，往往比较忽视经验的内化，这就使得学生在学习的过程中一直处于比较被动的状态。所以，为了将小学生的体育学习化被动为主动,就必须要使体育课程学习成为学生亲身经历的一种经验。只有这样才能使学生对自己的体育学习生涯永生难忘。

（3）体育价值的学习

在体育教育和课程领域,体育价值的学习主要可以分为以下两种。

①与个人生理和心理价值有关的,在个人自身关系中"体知情意"价值的学习。

②涉及"多元体育文化",在社会个人和群体关系中价值的学习。

在信息化的时代,为了实现体育价值的学习,就要对信息技术的虚拟价值进行充分的开发和超越,具体含义如下。

①对体育多媒体和网络课程进行全方位的研制,将信息技术充分运用到体育相关的所有领域,使学生可以进行自由、充分的选择,进而可以高效实现价值感知和价值理解。

②加大对信息化的社会性体育议题和实践活动的开发力度,使学生亲身尝试解决体育问题,进而使价值体验得到真正的实现。

3. 体育教学环境设计和开发的基础

一直以来,学生之所以都是在被动地学习,最主要原因就是受传统呆板的"灌输"教学环境的影响。要想化被动为主动,就要加强对学生"自我经验"体育实践环境的构建,只有这样才能使体育教学环境得到进一步的优化。

体育教学环境的优化主要包括以下几个方面。

①对体育组织方式和实施形式进行变革。

②将体育教育内容转化为体育教育或学习经验。

值得注意的是,要想完成从内容到学习经验上的转化,最为关键的就是要使教育内容与学生的注意、兴趣、想象等相契合。

4. 体育教学活动设计与开发的基础

体育活动是人体育生命的本质所在,其在设计与开发方面应遵循以下三条基本原理。

（1）"物—物"互动原理

人的体育学习活动是以"物—物"互动为前提条件的。那些以人的体育学习的方式表现、存在和发展的体育教学的过程需要所有物质因素、设备、形式和样态,即为教学活动化的"物—物"互动原理。"物—物"互动的含义主要包括以下两个方面。

①为了体育学习的实现,体育教学环境中的物资设备在时空上是可以进行动态互换的。

②对体育教学环境的布局和结构进行较为科学的设计，使体育教学环境中的各物质因素形成内在的"互动"关系，使它们可以相映成趣、相得益彰。除此以外，还要对体育教学环境格调和效果的审美进行构思。

（2）"物—人"互动原理

"物—人"互动的教学活动，可以有效地促使人的学习的实现，这一互动原理的含义主要有以下两个方面。

①要根据人对体育学习的需要，对体育物质环境进行构思、设计和建设，进而使人的学习兴趣得到最大程度的激发。

②师生在对体育学习准备、设计、实施、评价的过程中，要尝试着对体育活动进行不断地开发。

（3）"人—人"互动原理

对人的学习活动的促进在很大程度上受到"人—人"互动的教学活动的影响。社会、学校、家庭等各类人员之间的互动，都属于"人—人"互动。可以说，其所涵盖的范围是非常广的。在体育教学的"人—人"互动中，比较重要的就是师生、教师、同学之间的互动。"人—人"互动有直接互动和间接互动之分。

在当代社会中，不管是"物—物"互动、"人—物"互动还是"人—人"间接互动都变得越来越多。但是，"人—人"直接互动却在逐渐减少，尤其是师生之间的互动，变得越来越困难。所以，"师生互动"的增加，成为今后一个具有重大意义的发展方向。

过去，我国体育教师所担任的角色主要是课程的执行者，组织体育课程和教学的经验以及观念略显匮乏，再加上信息技术的飞速发展及其在体育教育教学中的广泛应用，就给体育教师的教学组织者角色提出前所未有的挑战。其中一系列理论和实际问题需要相关学者广泛地开展研究来加以解决，从而推动和促进体育教师的课程与教学组织者角色的发展。

（六）体育文化的创造者

在体育文化创新的过程中，体育教师扮演的角色主要是体育文化的创作者，也可以说，他们是体育文化创新的主体。他们的主要目的就是使学生的创造性以及学生优化活动的自我意识得到培养，进而使学生可以对生命的价值进行不断地挖掘、构建并享用。

具体到学生创造能力的培养上，体育教师作为体育文化的创造者，需要遵循下列原则。

1. 改变自己的行为和态度

作为体育文化创造者的体育教师，需要具备充足的体育知识和体育技能，以帮助学生创造力和创新能力的培养。

一名合格的体育教师应根据每一位学生独有的身体条件和学习特点，制订不同的策略，来使不同学生的不同需求最大限度地得到满足。除此以外，他们还应鼓励学生独立思考问题，培养学生独立解决问题的能力。最为重要的是，体育教师作为体育教学活动中的创造者，他们要更加积极地去接受新的事物，并且愿意根据学生的合理需求对自己的行为做出改变。

2. 理解创造

在学校体育活动中，创造具有以下特殊的内涵。

（1）创造是一个过程而不是一个事件

创造不单单是一个新的方案，相反它是会持续一段时间的过程，该过程有时会持续几年。认识到这一点，是成功地进行改革的先决条件。

（2）创造是由体育教师完成的

创造对个人有一定的影响，同样地，人们在变化的过程中也扮演着一个非常重要的角色。因此，应该把人作为革新方案的焦点，而不是方案本身。只有当全体体育教师都参与革新中，学校体育才有可能有所创造。

（3）创造是一种高度的个人体验

每一位体育教师对于创造都有着不同的作用。面对不同的体育教师有不同的回应和干涉是非常必要的。期望所有的体育教师和学生都对体育改革有着相同的反应，只会给体育改革设置"绊脚石"。

（4）创造包含着发展

如果一个体育教师可以从一个新的计划和创造中获得相应的经验，那么也就意味着他们的体育知识和技能都得到了一定的发展。这也就使得体育教师的经验变得更加的丰富，他们的自信心也就会自然而然增强。相应地，这种自信就会体现在之后体育教学的创造当中。

（5）创造在操作的过程中能够被更好地理解

体育教师一般情况下会把创造和革新同其对他们有什么意义或对他们当前的工作有什么影响联系在一起。他们会把这种创造看作自己和学生行为、价值观以及信仰的需要。他们也会考虑到在进行这种创造时，他们与学生所需要的准备时间。

（6）创造的核心所在应该是个体、创新以及它们两者的联系

大部分人错误地把创造的成果当作创造本身。为了使创造富有成效，重

点应该放在那些能够完成创造的人身上，而不是创造的最终成果。如果一位体育教师不能确定创造是否能够给他自己和他的学生带来好处的话，他们就不会尽全力去进行改革。

3.研究与实践相联系

有效的体育教学，就是一位体育教师将他的学生成功地引导到他想让学生学习的领域。这里要提出的很重要的一点就是"好"的体育教学和"有效"的体育教学之间的差异。

①"好"的体育教学趋向于一种针对特定的体育教学风格的个人表现。

②"有效"的体育教学则是一种联结体育教师行为和学生学习所得的研究。体育教师行为和学生成功相关联的关键在于体育教师的特殊能力，其中"明晰""热情"，以及"使用多种教学方法""使学生专注于体育学习任务""使学生的思维技巧得到发展"的能力，都对学生的体育学习有持续的影响。

（1）明晰

"明晰"是指体育教师的表达、指导、教学、提问以及组织达到了明确的程度。为了让学生学习，教师必须要了解与学生交流什么，对他们有什么要求。

（2）热情

"热情"就是充满激情地投入体育教育活动，投入与学生的交流沟通之中。体育教师需要针对体育教学、学生和体育问题建立一种富有激情的体育教学模式。那些有热情的体育教师在体育课堂上更容易使学生保持同样的热情和集中的注意力，更容易让他的学生掌握他所提供的资料和信息。另外，某些独特的个人风格也可以帮助测定体育教师的热情度。

（3）使用多种体育教学方法

研究表明，比起单独使用某种体育教学策略来讲，系统地使用多种不同的体育教学技术能够显著地提高学生体育成绩。一个使用多种体育教学方法的体育教师比那些使用单一手段即使是一种非常好的手段的体育教师，更能够保持学生的注意力和积极性。当体育教师在一堂体育课中使用不同的方法时，学生可以很快学到体育教师期望他们掌握的知识和技能。

使用小组活动、提问、讨论等方法，不仅能够保持学生的体育学习兴趣，而且可以在任何一堂体育课中培养学生各种不同的体育学习风格和体育能力。

（4）使学生专注于体育学习任务

一位教学水平较高的体育教师，能够帮助学生利用适当的时间进行体育学习。期望所有的学生把所有时间都花在学习上是不现实的。任何人都有做"白日梦"和注意力分散的时候。

研究表明，如果一位体育教师能够营造一种良好体育学习环境，使得80%～90%的学生能在规定的时间内专心学习，这就已经是高效率的体育教师教学了。下列管理和交互行为能够使学生尽可能地投入体育学习之中，从而使该学生的体育成绩得到提高。

①判断学生的体育能力。

②提出恰当的任务。

③与学生保持持续的互动行为。

④为学生提供权威性的反馈，特别是在纠正学生们的错误时。

⑤使课程结构化，并且针对具体任务提出指导。

⑥创造一种体育学习环境，在这种体育学习环境中，学生对他们的任务负责，并且能够相互合作完成任务。

（5）使学生的思维技巧得到发展

另外，事实表明，体育教师还应该自觉、系统地教授学生的思维技巧，原因有以下几点。

①成为一个善于思考的人并不是一个自然的过程。因为技巧思维既不是来源于经验，也不是某个特定学术领域的产物，它需要审慎的、持续的教授、引导、示范和练习。

②对于学生来说，在任何时候，思维技巧都是非常重要的。学生会经常面对检验他们思维技巧的情况。那些没有经过思维技巧训练的学生，在被要求解决问题和创造新产品时，可能会遇更大的困难。

③教授思维技巧对于体育教师和学校本身也很重要。

④世界变化如此之快，学生如果想在将来能够处理未知的情况和问题，就必须成为一个有技巧的思考者。

在体育教育与课程情境中，学生的思维技巧是在进行体育教学的过程中得到发展的，包括批判性思维、问题解决策略以及创造性思维的体育教学。

①批判性思维的体育教学。批判性思维是一种对某种事物进行判断的真实性或准确性的思维。

运用批判性思维进行的操作主要包括分析和评价体育技能。因此，教师必须为学生提供足够的机会进行分析、运用和评价信息，允许学生针对问题的两面进行辩论，要求学生提供理由或数据来支持一个答案；体育教师必须精通于提出各种适当的问题，来质疑和挑战学生们的答案。引导出令人兴奋的讨论，来组织课堂以促进批判性思维。更重要的是，体育教师本身也应该是一个批判思维者。

教师运用批判性思维进行教学包括三个环节。第一是定义和澄清，包括辨别结论、辨别和处理不恰当的部分、发现相似点和不同点，提出恰当的问题来澄清和质疑学生的思维。第二是判断一个资源的可信度。第三是解决问题和得出结论，包括判断效力的能力、归纳和判断结论的能力以及预测可能结果的能力。

②问题解决策略的体育教学。教给学生如何解决问题，也许应被认为是体育教师最为重要的一项任务。那些具有问题解决技能的学生，能够将这些技能运用到他们将来可能遇到的某种特定的情境中。有一种在教天才学生问题解决技巧时被广泛运用的方法，这是一种针对问题解决的结构化方法，它强调在得出结论前要对多重选择进行深入思考，这种方法的具体操作步骤如下。

第一步，创编或者选择一个练习来引导个别学生或学生小组发现已知的和未知的信息和事实。

第二步，通过发展和选择练习来协助学生聚焦问题。

第三步，鼓励学生产生尽可能多的想法。不要指责学生任何的提议，因为那样做会降低学生的参与性。记住，有些看起来最离题的主意有时候却是最好的主意。

第四步，协助学生逐渐形成评价一个观点的标准。

第五步，学生要制订一个行动方案，这个行动方案是整个班级提供的主意。当然，他们也需要形成一个策略使他们能够把他们的方案"卖"给一个合适的接收者。

③创造性思维的体育教学。创造性解决问题的过程包括以下步骤。

第一步寻找事实，即搜集相关情境的信息，在需要了解的信息中找出已经了解的信息，并进行仔细而客观地观察。

第二步寻找问题，即在几个观点中寻找问题，重新启动问题。

第三步寻找主意，即想出许多主意，直到所有的主意都被仔细地考虑过，再做判断。对主意进行集体讨论，争取找到更多的主意，尽可能多地列举主意。

第四步寻找解决方法，即逐渐形成评价解决方法的准则，把这些原则有目的地运用到方法的选择上，选择、评价解决方法。

第五步寻找共识，即逐渐形成一个行动方案，仔细考虑所有的参与者，集体讨论一个大家可以对方案达成共识的途径。

4. 采用非定向教学

非定向教学策略是被用来教授高水平思维技巧的过程，这些高水平思维技巧包括批判性思维、问题解决和创造性思维。非定向教学包括概念、抽象和模式的教学。非定向教学不像定向教学那样需要体育教师提供所有知识，它要求体育教师像一个促进者一样引导学生找到答案或者不仅仅是背诵事实的答案。

非定向教学把学生的经验和问题融入体育课程中，并鼓励学生更多地参与对他们自己以及同伴的方法和成果的评价中。虽然非定向教学的策略能被运用到大组的体育教学中，但它也常常被用于小组学习和个别化学习中。

非定向教学的主要策略有归纳与演绎、提问、讨论等方面。

（1）归纳与演绎

归纳与演绎思维对学生的体育学习都很重要。归纳策略更适于促进学生的思维，而演绎策略更合适传递信息。

当一系列数据和事件呈现在学生面前，要求他们在经过一些调查后，做出一个概括和总结，并从中得出一个相互联系的模式时，他们就开始使用归纳策略。很多时候，归纳策略与发现式学习有关。

演绎策略是指先表述一个规则或普遍推论，然后把这个规则或推论运用到特定的事例中。体育教师解释演绎策略时，可以按以下三个步骤进行。

①先行组织。先行组织会为学生提供一个体育课堂中将要讲授的体育内容的概况，从本质上讲，它为学生提供了一个体育学习课程的路线图。

②区分差别。在这一阶段，体育内容被细分为一些更为复杂的主题。

③综合协调。

（2）提问

一位教学水平较高的体育教师懂得利用不同类型的问题，从学生那里得到不同信息。基本上，低水平的问题强调记忆和回忆事实，高水平的问题却尝试启发学生复杂和抽象的思维。

虽然，有意识地提问、高水平问题可以促进学生高水平的思维能力的发展，却并没有有关研究为学生是怎么做的提供理论支持。但是，学生在回答这些高水平问题时确实是进行了高水平的思维过程。

尽管体育教师有意识地尽量清楚地提出问题来启发高水平思维，但有时仍会导致低水平的回答。不管怎样，那些不仅仅要求简单回忆的问题对启发学生的高水平思维是必不可少的。

教师可以主要向学生提出以下三种问题。

①辐合式问题。辐合式问题可以限定在某个领域，通常会要求学生得出一个正确的答案。辐合式问题主要针对认知领域中的了解和理解的水平。这种问题要求体育教师在师生互动中占支配地位，并且不会启发高水平思维过程。

②发散式问题。发散式问题会导致开放式答案的产生。没有任何人可以对准确的结果进行预测。发散式问题旨在让学生思考和沉思。发散式问题要求体育教师对学生的答案的多样性做出要求，并且鼓励学生之间有更多的互动。

③评价式问题。评价式问题要求学生为某种事物判定等级或者做出一个价值判断，或者在几种选择中做出选择。这些是发散式问题的特殊形式。评价式问题针对的是认知领域中的分析和评价水平。

每一种问题对学生的认知发展都很重要，学习和回忆事实性知识的重要性不仅在于获得知识，而且在于在高水平思维过程中运用这些知识。教学水平较高的体育教师应会综合利用辐合式问题、发散式问题和评价式问题。

（3）讨论

大多数体育教师把体育课堂中的讨论简单理解为一种实际意义上的背诵，是一种学生对基本体育知识问题的简单回答。成功的典型讨论通常有5～15个学生参与，大组的讨论很难被指导，因为很难让每个人都参与进来。

好的提问技巧对于成功的指导讨论是不够的，教师还需要采用以下几个其他的措施。

①让人清晰了解讨论的目的和观点。

②从一些激发事件的类型开始讨论。教师应该先与学生个人经验相联系起来，提一些能够激发学生兴趣的问题，或者要求学生与自己经验联系起来的问题。

③建立一个积极的体育学习环境。

④保持讨论的进行。体育教师应该让学生通过举手来回答问题。如果学生能够做到只有经过体育教师的允许才能站起来回答问题，那么体育教师就很好地控制了整个讨论。

⑤重复或者帮助学生重述一些含混不清的内容。

⑥明智地使用幽默的表达。因为主题的原因，讨论有时候会很激烈。体育教师幽默的表达会降低激烈程度，有助于讨论继续进行下去。

第二节 小学体育教师综合素质的培养和提高

教师的素质培养和提高，是建设师资队伍、发展教育、提高教学效益，具有重大的战略意义。

从我国教育改革和发展目标与教师目前的状况对比来看，教师素质的培养和提高丝毫不能放松。

一、我国体育教师发展现状

概括起来，体育教师目前的发展现状是数量日趋饱和，整体素质偏低，队伍基本稳定，区域分布不均衡。

（一）体育教师数量趋于饱和

从目前的状况来看，我国的师范教育体系已经建立得比较完善，几十年来已经为各级各类的学校培养了大量的体育教师。尤其是随着后来高等院校的不断扩招，以前合格体育教师资源紧缺的状况逐步得到缓解，再加上教师的职业地位和威望正在逐步得到地提升，这也使得一大部分人加入教师的行列。可以说，从数量上来看，体育教师的数量已经逐渐趋于饱和。所以，我国接下来要做的就是让体育教师的数量在一定范围内保持一个稳定的动态平衡状态。

（二）体育教师整体素质偏低

体育教师整体素质偏低可以说是当前最为突出的问题，造成这一现象的原因主要有以下几点。

①对于小学体育教师的学历要求不合理，比如一些学历不合格者，却能够胜任教师的工作。而一些人学历虽然合格了，但是却无法胜任体育教师的工作。

②一些体育教师自身所具备的业务水平，无法满足当前教育改革和课程标准的迫切需求。

③目前一些体育教师欠缺吃苦耐劳、甘于奉献、团结协作等优良品质。

（三）体育教师队伍基本稳定

现在由于种种原因，体育教师弃教改行的现象日渐减少。目前，虽然"跳槽"的教师人数还是极少的，但是，工作不安心、情绪不稳定的体育教师的人数却在逐渐增加。

高尔基曾经说过，要准确地对教师工作的重要性和紧张性进行评估，只有这样，那些正直和优秀的教育工作者才不会放弃自己伟大的劳动，才不会去从事虽然赚钱但是相比之下微不足道的工作。

目前存在的一个现象就是学校内部的体育教师"弃教不改行""在岗不在教"，大多数体育教师热衷于行政、管理、后勤等工作。因此，体育教师会维持着相对的动态平衡状态，但整体素质则不一定会稳定向前发展，更不一定会促进学校体育教学的发展。

（四）区域分布不均衡

目前来看，小学体育教师在地区上的分布是比较不均衡的，主要表现在城市的体育教师不但数量较多，而且教师的总体质量也比较好。相比之下，农村和比较偏远、比较贫穷的地区的教师数量严重不足，并且质量也是比较差的。

这就充分说明，体育教师综合素质的培养、提高与可持续发展仍然是当务之急。

二、小学体育教师应具备的专业能力

小学体育教师的专业能力应主要包括以下几个方面。

（一）职业道德

所谓教师的职业道德，主要是指教师爱岗敬业的精神，以及对学生的关爱和尊重。

（二）教学能力

小学体育教师的教学能力主要体现在以下几个方面。
①对新课程标准的理解程度和对教学内容的领会、运用程度。
②掌握和运用现代教育教学理论和教学方法的能力。
③从事体育教学必备的基本技能的掌握情况。
④能否有效地激发学生对于体育运动的兴趣，并始终保持下去。
⑤引导学生养成体育锻炼习惯的能力。
⑥对现代教育技术手段熟练运用的能力。
⑦对体育课程资源开发和利用的能力。

（三）教育科研能力

体育教师的教育科研能力主要包括学习能力和研究能力，重点是教学过程中的教学问题和教育事件的分析与研究。

三、培养和提高小学体育教师综合素质的策略

（一）加强交流与学习

教师要改进和提高其教育教学水平，就要吐故纳新，要创造条件采用走出去、请进来的方式，加强交流与学习，及时了解学科教学乃至整个教育发展改革的动态，并从中吸收营养，指导自身的教学实践。

（二）加强常规性研讨

教师的教学水平的提高除了自身要修炼外，还要创设常规性的研讨氛围。学校要经常组织小学体育教师同事、同行之间的研讨活动，如课堂教学研讨、教学策略研讨、教学方法与方式的研讨等各种专题性研究与学习活动，切实提高小学体育教师的整体教育教学水平。

（三）建立教师成长记录袋

教师成长记录袋不仅是对教师进行评价的一种方式，更是促进教师反思、实践与进步的重要手段，其作用主要体现在以下两个方面。

①通过对成长记录袋中资料的整理与分析，可针对性地找到提高教师综合素质的关键点与突破口。

②教师也可在记录袋中找到促进自身发展的因素，提高自我反思的能力，形成边实践、边反思，边反思、边发展的良性循环。

（四）接受继续教育

教师的继续教育不仅仅是一种提升学历的教育，它也是教师的思想素质、业务素质、专业素质以及综合能力不断完善的动态过程。强调继续教育的手段性和过程性，将有助于教师自觉地、自主地开展学习与研究。

第七章　小学体育教育教学管理与评价

"体育课"是一门以增强及保证学生身体健康和体制优良为主要目的，以锻炼学生身体为主要手段的必修课程。体育课程对提高学生身体的健康水平和增强学生体质具有重要的作用，对培养社会主义现代化建设所需要的高素质劳动人才以及促进学生全面和谐发展也有着极为重要的意义。各阶段的体育教育都有其特定的培养目标，小学作为教育初级阶段，更要重视体育教育教学管理与评价，将体育课作为一门重要的课程。因此，学校管理者要正确地了解和对待小学体育教育教学管理与评价，充分发挥小学体育教育教学管理与评价在体育课程教学中的重要意义和作用。

第一节　小学体育教学管理系统与内容

一、小学体育教学管理的概念与意义

（一）小学体育教学管理的概念

小学体育教学管理是根据本校学生的自身情况以及生理和心理特点，按照国家和教育部门颁布的有关规定和学校体育管理办法、条例，对本校的体育工作所开展的组织、管理、评价等一系列活动。学校体育教育的目的是促进学生的身心发展，有效地完成学校的体育教学任务，并满足社会发展在人才方面的需求。体育教学管理所针对的对象是学生，它的主要任务和内容是坚持教育性和健康性等原则，合理地利用及充分地发挥人力、财力、物力的作用，有组织、有计划、有目标地开展实施学校体育教学活动。

（二）小学体育教学管理的意义

学校为促进学生全面发展而设定的教育目标是，使学生德、智、体全面发展，其中"体"便是基础。毛泽东同志曾说："体育一道，配德育与智育，而德智皆寄于体，无体是无德智也。"这说明体育在培养全面发展人的过程

中有重要的作用。因此，学校管理者必须正确处理德育、智育、体育三者的关系，摆正体育的位置，重视体育工作，把体育工作纳入学校整体规范化中，做到有计划、有目标、有措施、有检查、有总结，在财力、物力、人力上要给予保证，充分发挥体育工作的作用，促进学生德、智、体全面发展。

小学生正处在形成世界观和长身体、长知识的重要时期，学校体育教学如何，学生健康状况如何，不仅关系到亿万学生能否有健康的体魄和充沛的精力去完成艰巨的学习任务，也关系到他们将来能否承担建设强大的社会主义祖国的重任，还关系到中华民族的健康水平。健康体质是人才成功的支柱和希望所在，也是一个民族强弱盛衰的标志之一。因此，重视和搞好学校体育教学工作的管理，对保障学生的健康成长，促进学生的全面发展和提高民族素质，为社会的发展和建设培养优秀的人才，均具有重要作用和意义。

二、小学体育教学工作管理的原则

（一）树立正确的办学指导思想

小学体育教学工作管理，必须根据学校教学管理的整体目标和要求进行工作。这就要求学校管理者充分认识学校体育教学工作的重要意义，坚持贯彻国家教育方针，把体育教学工作纳入学校教育的整体系统来考虑，进行整体管理。从学校教育的总目标出发，加强德育、智育、体育的密切配合，使其相互渗透、相互促进。

当前大部分小学对体育教学工作的重要性认识不足，把小学教育办成了升学教育，只重视智育，轻视德育和体育，往往采取加班加点、延长时间、加重师生负担的办法，来提高考试成绩，校长对体育工作虽有一定认识，但往往只是号召，缺乏具体措施，不能保证学生的体育锻炼时间。学校领导对体育教学工作是一般号召多，具体指导少，当遇到升学实际问题时，还是将智育放在第一位，不能摆正德、智、体的辩证关系。有的学校只重视少数尖子生的训练和比赛，忽视大多数学生的体育锻炼，把少数运动员的比赛成绩作为衡量本校体育工作的唯一标准。因此，学校领导树立正确的教育思想，明确培养目标，这是搞好学校体育教学工作的关键。

（二）注意加强小学体育教学和卫生的结合

学校体育和卫生虽然是两项不同的工作，两者在内容和要求上有所区别。例如，体育是从身体锻炼方面增强学生的体质，卫生是从保健和医疗方面保护学生的健康。但是，两者的目标是一致的，都是为了促进学生身体健康，增强学生体质。它们是相辅相成、互相促进的。在积极开展体育教学工作的同时，必须加强卫生保健工作。

各小学管理者要为体育教学工作与卫生工作的结合创造条件，加强体育教研组和卫生室在工作上的互相协调、互相支持。这就要求体育教师和校医要互相学习，熟悉对方工作的内容和要求。体育教师和校医互相配合，有效地开展学生体育运动的卫生和安全保健工作；搞好学生的体质、健康状况的调查，根据学生的身体素质状况，安排组织体育教学进程，决定采用的教学内容和方法，合理安排运动量和进行健康分组；对体育教学、训练的组织和方法进行医学观察，实施医务监督，鉴定教学内容的安排是否恰当，训练方法是否正确，运动量是否适合；在体育锻炼中，指导学生进行自我保护、自我医务监督；使教学组织措施更加严密，加强安全教育及防护，预防运动创伤，并组织运动创伤的急救；对运动场地和设备进行安全卫生检查；向学生宣传运动卫生，传授预防伤病和急救的知识、技能，并解答他们提出的有关问题；对病残学生开展医疗体育教学活动。

（三）注意科学地组织学校体育教学而工作

小学生正处在身心发展的重要时期。他们在这个时期的发育是有一定规律的，不同的年龄、不同的性别在身心发展方面都有其各自的特点。小学体育教学工作的组织和开展，要讲究科学性，要根据学生的年龄特点和个性差异，遵循学生身心发展规律，有区别地、循序渐进地进行体育教学工作。由此，学校体育教学活动要合理安排运动量，因材施教，注意体育卫生。严格按照新的体育课程标准和国家体育锻炼标准进行，从学生实际运动水平出发，不可随意增加运动量和随意增加难度。否则，不仅不能增强学生体质，反而会损坏学生的身体。人体各器官组织功能的增强，需要长时间的锻炼，才能有效。只有经常锻炼，人们才能在大脑皮质上建立起牢固的运动性条件反射，逐步形成运动性的动力定型。如果不能坚持锻炼，形成的条反射就会消退，这样，人们也难以掌握运动技能。这条规律告诉体育教师：体育教学必须循序渐进，使学生养成锻炼身体的习惯，方能使学生增强体质。学校体育教学的各项管理工作、教育内容及所制定的制度等都要从学生的健康出发，符合学生身心发展规律和特点，具有合理性与科学性，这样才收到良好的体育教学管理效果。

总而言之，想要减少教学工作的盲目性，避免"成人化"、形式主义和主观主义等有损小学生身心发展的工作倾向，有效地促进学生身体素质的提高，学校就务必要加强在体育教学工作方面的管理。

三、小学体育教学管理系统

学校体育管理系统是在学校分管体育工作的校长的统一领导下由教务处、总务处、体育教研室、医务室、学生组织组成的互相联系、互相配合而形成的统一体。

（一）分管体育工作的校长

分管体育工作的校长是学校体育教学工作的全面负责人，他要负责决策、指挥、协调全校的体育工作。因此，分管体育工作的校长应该树立正确的指导思想，把体育教学工作放在重要的地位，抓好体育教学工作计划、执行、检查、总结各环节的管理工作，协调好体育与德育、智育之间的关系，建立体育教学管理工作岗位责任制度，充分发挥各个部门在体育工作中的作用。

（二）教务处

以教导主任为首的教务处的职责是协助校长主持体育教学工作，组织、协调各个部门的力量，实施体育教学计划，开展体育教学活动，指导体育教研室的工作，加强体育课教学管理，安排全校体育活动。

（三）总务处

学校体育工作的顺利开展，必须要以一定的经费和物质条件作为基础。以总务主任为首的总务处，是体育教学工作的后勤保证，要负责安排、统筹体育经费，购置体育器材和各种设，定期对学校体育运动器械、运动场地进行检查和维修，保证体育运动安全，为提高体育课质量服务。

（四）体育教研室

体育教研室是学校专职的体育管理机构，其职能包括：制定学校体育工作计划和必要的规章制度，保证体育教学活动和各项体育活动的顺利开展；组织全室教师认真钻研体育课程标准；积极开展体育教研活动，帮助教师提高体育教学水平；认真组织课间操和班级体育活动，积极开展体育达标活动；搞好体育运动队的培养、训练和各项运动竞赛等课外体育活动；积累体育资料，开展体育如何促进学生体质健康发展等问题的研究，提高体育管理水平和教学质量；积极推行和执行《国家体育锻炼标准》，全方面做好体育宣传工作；协助校医定期检查学生的身体，和校医共同研究改进学校体育卫生工作，使体育工作和卫生工作密切配合；协助总务部门搞好有关体育设备的工作，如体育器材的选购、保管和维修工作等。

（五）学生组织

学生组织是配合学校做好学校体育工作的重要力量，在促进学生全面发展中有其独立活动的阵地。各学生组织要积极宣传学校体育的目的、意义，提高组织成员对体育的认识，培养增强自身体质、增进健康的意识；教育组织成员遵守有关体育规章制度，积极参加体育锻炼，并起带头作用；组织富有体育内容的团队活动，如郊游、登山、夏令营、军事体育活动等，丰富课外生活，培养健康的课外情趣，达到增强体质、提高健康水平的目的；推荐表现好、有体育特长的队员担任体育骨干，经常关心并检查他们的工作；把体育活动表现作为评选优秀少先队员、少儿积极分子、先进少先队集体的标准之一。

（六）班主任

班主任是学生班集体的组织者、领导者。学校体育工作基本上是以学生班级为基层单位开展的。组织和指导本班的体育工作，是班主任的一项重要职责。班主任在体育工作方面的职责主要包括：坚持全面发展的教育方针，把体育工作纳入班级工作计划，推行小学生体育合格标准，教育、督促和带领学生积极参加体育锻炼；在体育教师指导和协助下培养班级体育骨干，制订班级体育锻炼计划，带领学生认真执行计划，严格考勤，加强管理；了解和掌握学生的健康和作业负担状况，定期向校长、教导主任、年级组长汇报；积极对学生家长宣传体育锻炼的作用，要求学生家长关心子女身心健康并督促子女坚持体育锻炼；在体育活动中加强学生的思想品德教育，教育学生热爱集体、遵守纪律、勇敢顽强、不怕困难、爱护公共财物，讲究体育道德，使思想教育贯穿到体育教育教学中；将体育列为班级工作的重要内容之一，把学生参加体育锻炼的态度和表现写入操行评语中。

四、小学体育教学管理的内容

笔者主要从以下五个方面介绍小学体育教学管理的内容。

（一）体育课堂教学的管理

学校开展体育工作，实施体育教学的基本组织形式便是体育课。体育课是由体育教师根据体育教学大纲的规定，按照班级授课制的形式，有组织、有计划地组织体育活动并对学生进行的体育教学的基本组织形式。体育课的基本任务：使学生系统地学习和掌握体育运动的基本知识和技能、技巧，锻炼身体，增强体质，养成良好的体育运动习惯、道德品质和顽强的意志品质，促进学生全面发展。体育课一般分理论课和实践课两种。理论课一般在室内进行，内容包括体育的基本理论知识、各主要运动项目的体育规则、技术与战术的分析等。实践课则在运动场（或体育馆）进行。体育课课堂教学的管理分为以下三个环节。

1. 课前管理

①体育教师应严格执行新的体育课程标准，认真进行研究并了解新的体育课程标准；除此之外，体育教师还需明确体育教学的目的、任务、教材体系和教学的基本要求，并结合实际，制订学期教学进度计划、单元教学计划和课时计划。

②体育教师在上体育课时要从小学生实际出发，根据小学生的年龄特征和性别特征进行教学。

③体育教师应能根据教学内容、小学生的特点和具体条件，科学地选择教学方法。体育课常用的教学方法有完整法、分解法、讲解法、示范法、练习法。

④体育教师在上课前应主动告知学生上课的主要内容，让学生提前做好各种准备。

⑤体育教师要安排和检查好教学场地和器材。

2. 课中管理

体育教师在课中管理环节应做到以下几点。

①教学目的明确，教学内容的安排符合小学生年龄特征，遵循人体生理变化的规律。

②教、学、练的结构和步骤、层次清楚；使学生的运动量适当。

③教学技能全面，会讲、会教、会做、会组织；必须在规定的时间内完成教学任务，使 70%～80% 的学生能掌握基本要领并形成相应的技能。

④严格执行体育课的考勤和考核制度。

⑤高度注意学生的安全。

3. 课后管理

体育课后，体育教师应指定学生及时整理、归还体育器具；提醒学生注意运动卫生，禁止学生立即大量喝水，更不能让学生喝生水和大量进食，不能让学生在"风口"久留；教师应做好课后分析并记入课时计划。在一个教学阶段结束后，教师应做出体育工作小结；在一个学期结束后，每一位体育教师应做好体育课所教项目的考核评定，并应向教研组提交本学期教学工作总结；在一个学年结束后，体育教研组组长应向学校领导提交本组教学工作总结报告。

（二）课外体育活动的管理

课外体育活动管理内容可以细分为以下四个部分。

1. 早课和课间操的管理

为了保证上操质量，在管理上要做到以下几点。

第一，全体教师配合。教师不得拖堂，学校不在上操时间安排其他活动。

第二，教职员工应以身作则。学校全体教职员工（包括领导干部）应积极上操，带头锻炼，以身作则。

第三，培养小助手。各班要培养好体育委员和领操员。学校要发挥学生会、少先队学生干部的作用，做好上操的组织、督促等工作。

第四，抓好检查评比工作。

2. 体育锻炼小组的管理

体育锻炼小组活动应在体育教研组统一指导和规划下进行。活动场地和体育器材应由体育教研组统一调配。相关部门应根据学生的兴趣爱好和特长编成若干小组。学校要统一安排辅导力量，体育教师应分工负责，做到每次锻炼活动有人组织、有人指导，要发挥学生体育骨干的作用，要建立考勤、测验、评比制度，以使学生课外体育锻炼能够持之以恒。只有达到以上要求，才能使课外体育锻炼收到实效。

3. 运动竞赛的管理

运动竞赛是推动学校广泛开展群众性体育活动的有效方式，是检查学校体育工作成绩、交流经验、加强团结，并促进学生体育发展和思想品德建设的有效方法。运动竞赛的管理要注意以下几点。

第一，经常性。每学期或每学年都要定期举行各种竞赛活动。

第二，群众性。要面向全体学生，除了开展全校性大型运动竞赛外，还应多开展班级、年级间的竞赛，坚持小型多样、单项分散、以校内为主。

第三，季节性。组织竞赛要考虑季节的特点，一般在春季应举办球类比赛，在夏季举办游泳比赛，在秋季举行田径运动会，在冬季举办长跑、跳绳、踢毽子等比赛。

第四，传统性。学校应根据本地区、本校的特点，适当增加有传统特色的并深受学生欢迎的运动竞赛。

第五，协调性。学校应注意使运动竞赛与整个学校教育教学工作密切配合，不要妨碍学校正常教学秩序。

第六,纪律性。要加强赛场管理,监督好赛场纪律,培养良好的体育风尚。

4.运动训练的管理

运动训练是指学校利用业余时间,对部分体育基础好并有一定专长的学生,通过运动队的形式,在教师或教练员的指导下,进行系统的专项训练,以提高其专项运动技术水平。运动训练是学校课外体育活动的一个重要组成部分。对于提高学生运动成绩,开展运动竞赛,推动群众性体育运动的开展,为国家输送优秀运动员,均具有重大意义。运动训练的管理包括建立运动队、运动队的组织管理和运动员的输送工作等方面。

(三)体育设施、场地和器材的管理

开展实施体育教学工作、进行体育活动的物质条件基础是体育设施、场地和器材,学校管理者应按国家或地方教育行政部门制定的标准,有计划地逐步使设施器材和场地达标。学校管理者一方面要大力宣传、呼吁社会各界重视和支持学校体育工作,争取必要的外援,求得社会资助,通过各种渠道设法筹集体育经费,修建和修整体育场地,添置必要的体育器材;另一方面,要鼓励全校师生发扬艰苦奋斗、自力更生的精神,自己动手,制作体育器材和更新体育设施,对已有的体育设施和器材要严格管理,做到有专人负责保管,对破损器材及时维修,尽量提高它们的使用寿命。新建学校应规划好体育场地,场地要符合一定规格和卫生、安全要求。

(四)学校体育工作的检查和总结评价

1.学校体育工作的检查

学校体育工作的检查包括上级教育行政、体育行政、卫生行政部门的检查和学校领导进行的对本校体育工作的检查。学校自行组织的检查内容主要包括四个方面:对学校体育各环节的实施的检查;对体育教研组、卫生室、班级体育工作的检查;对学生体质状况的检查;对学校领导者进行体育工作领导行为的检查。

2.学校体育工作的总结评价

学校体育工作的总结评价主要包括三个方面,即对学校体育工作质量的总结评价,对学生体质变化及其水平的总结评价,对学校体育工作计划施行情况和对学校体育工作计划本身的科学化、可行性的总结评价。一般采用的评价方法有:①观察法,指观察学生一天的体育活动全过程,观察体育课的教学质量,观察学生运动训练的内容、方法和质量的方法;②谈话法,指与班主任、教师、学生代表个别谈话或座谈的方法;③调查法,指访问有关的体育教师、家长及有关人员的方法；④测试法，包括口试、笔试及技能操作测试和生理测定；⑤查阅文件法，指查阅学校体育工作计划、教学计划、训练计划、总结及有关会议记录资料、体育课及体育锻炼的笔记、达标成绩登记簿，查看场地、设备、器材的方法；⑥统计法，指根据各方面的情况，统计数据，分析资料。对于评价结果，评价人员应尽可能采用图表等直观形式来说明，以便于掌握各种指标的相互关系。

（五）体育宣传、情报资料的管理

开展体育宣传教育工作的目的在于使全体师生员工不断提高对体育的认识，重视体育锻炼和体育管理工作；使大家了解本校、本地区以及全国体育工作的新成就，振奋士气，增加凝聚力；培养良好的体育道德品质和赛风。要加强宣传教育工作管理，就要建立一定的制度和组织，具体做法一般是在体育教师指导下，协同少先队大队部成立宣传小组，各班设宣传员，形成宣传网络；可确定某一天为体育广播日，每周出一期墙报（或黑板报），不定期举行体育专题讲座、体育图片展览，观看体育电影、录像等。要有计划地宣传，结合实际，抓住时机，做到坚持科学性、针对性、实用性，把宣传和体育工作紧密结合起来，加强情报资料管理工作，对于改善体育工作管理，提高管理水平，提高体育教师业务水平，促进体育研究工作的开展，都有重要意义。体育情报资料管理工作可由学校图书管理员和体育教研组协同开展。

第二节　小学体育教育教学评价的基本理念与基本方法

小学阶段的体育教学有其特定的内容、目标和要求，要想达到体育课程标准的要求，务必要切实开展和落实小学体育教育教学评价工作。小学体育教育教学评价是小学体育课程教学实施中的重要环节，通过评价，才能发现体育教育教学工作中存在的一些主观或客观形式的问题，才能清楚地了解开展体育教学的工作效果，以及是否达到了体育教学的教学目标。所以，了解、认识小学体育教育教学评价是很有必要的，这样有利于充分发挥小学体育教学评价在体育教育教学工作中的作用。

一、小学体育教育教学评价的含义与功能

科学地了解和认识体育教学评价的含义与功能，并合理运用体育教育教学评价功能，对于提高学生的健康水平，促进学生全面和谐地发展，具有极为重要的作用。

（一）小学体育教育教学评价的含义

在传统的体育教育教学评价理念中，体育教育教学与体育课成绩考核是同一概念。新的体育教学评价理念从评价的内容、对象和程序三个方面揭示了小学体育教育教学评价的含义。

1. 评价的内容方面

从评价的内容方面来看，小学体育教育教学评价主要是对课程的评价，即对教师课程设计的科学性、合理性和开展、组织实施的课程效果的评价。

2. 评价的对象方面

从评价的对象方面来看，小学体育教育教学评价主要是对学生学习活动和教师教学活动的评价。

这里所讲的学生学习活动主要包括三个方面的内容：一是学生对体育知识的理解和运用；二是学生对体育运动技术的掌握、运用；三是学生在体育学习活动中的态度和行为。教师教学活动包括教师设计体育课程的水平和教师实施组织课程的能力。

3. 评价的程序方面

从评价的程序方面看，小学体育教育教学评价过程主要分为两个步骤：第一步，收集与课程设计和开展、组织和实施有关的信息；第二步，依据一定的方法和标准对收集到的信息予以价值判断。

（二）小学体育教育教学评价的功能

正确地了解和认识小学体育教育教学评价的功能，可以有效提升体育课程实施的质量。评价的目的决定着评价的功能，因此，在了解和认识小学体育教育教学的评价功能之前，要先明确小学体育教育教学评价的目的。传统的小学体育教育教学都是以学生体育课的成绩来证明学生体育课学习的效果、学生发展水平以及学校体育教师教学工作的质量的；之后，随着 1987 年版的《小学体育教学大纲》和 1992 年版的《小学体育教学大纲》的实施，体育课考核成绩被定位为学校整体教学目标的一部分，体育的考核成绩也直接影响到学生升学、毕业、评优等方面。随着这两部体育教学大纲的实施，小学体育教育教学评价的目的从传统以"证明"为主的目的转变为了当下以"甄别"为主的目的。而经过实践证明，无论是过于强调以"证明"为目的的传统体育教育教学评价，还是强调以"甄别"为目的的现代体育教育教学评价，都不利于提升小学体育教育教学评价的效果和促进学生的全面发展。为了解决这一问题，我国有必要从改革小学体育教育教学的评价功能方面入手，使评价的目的由"甄别"转为"改进"。体育教育教学评价的根本目的是收集能够反映学生学习和教师教学双方面的准确信息，并通过对这些信息的分析研究，提出并改进有利于学校体育教育教学中"学"与"教"的改革对策，从而促进体育教学评价的功能提升和师生的共同发展。

二、小学体育教育教学评价的基本理念

目前，小学体育教育教学的管理与评价并不完善，依然存在着很多的问题，并且这些问题阻碍了小学体育教育教学的改革与发展。小学体育教育教学评价的总的指导思想就是小学体育教育教学评价的基本理念，要从根本上改变那些阻碍小学体育教育教学改革与发展的问题，就必须坚持小学体育教育教学评价的基本理念。小学体育教育教学评价的基本理念内容主要包括以下五个方面。

（一）评价的目的：从甄别、选拔、鉴定转向促进学生的发展

依照我国目前小学体育教育教学评价的现状来看，小学体育教育教学评价的目的可以分为以下三类。

1. 甄别选拔性评价的目的

甄别选拔性评价的目的在于选拔、淘汰，一般应用于选拔优秀的体育运动员方面，留下优秀的人才，淘汰相较处于弱势地位的。

2. 鉴定性的水平评价的目的

鉴定性的水平评价的目的是为了考察学生的学习情况和对学习目标的完成情况，一般应用于体育项目的水平测试，如体育期末、期中考试等。

3. 发展性评价

发展性评价的目的是通过小学体育教学评价，改进学生的"学"和教师的"教"，从而促进师生的共同发展，一般应用于平时日常的体育教学活动中。

通过分析新的体育课程标准，可以确定小学体育教学评价的目的应从从甄别、选拔、鉴定转向促进学生的发展。可是，到底要如何充分发挥、利用小学体育教学评价的功能呢？如何才能促进学生的发展呢？这也是值得有关学者探讨的问题。

首先，作为学生的体育教师要有主动改革的意识。体育教师应充分的发挥、利用小学体育教育教学评价的反馈结果，反思自己在教学中存在的问题，并通过及时完善体育教学课程或改善体育课程设计等来解决这些问题，以便使学生在体育学习的过程中获得发展。

其次，体育教师要尊重学生的差异性，要清楚不同学生的自身情况是存在差异的。体育教师要坚持"以人为本""因材施教"的原则，要依据学生的个性差异实施差异评价，并依据学生的个性差异，设计不同类型、水平和层次的体育运动项目。同时，体育教师也要鼓励学生选择一些对于自身而言难度较高的体育运动项目，让学生真正地体会努力的过程和通过努力后获得胜利的喜悦，通过这种方式培养他们勇于挑战和坚韧不拔的毅力，进而激发他们今后学习的动力和信心。

只有通过以上这些方式，才能确保小学生在参与体育教学的活动中有所收获，有所发展，这才是体育教学评价的意义和真正目的所在。

（二）评价的重点：从过分关注学习的结果转向关注学习的过程

以往的小学体育教学评价的目的在于甄别、选拔和鉴定，侧重点是学生的学习结果（如各项体育活动的成绩等）。而如今，学生在体育学习的过程中的收获，不应该仅仅是以学习结果来断定的，这种"轻过程、重结果"的教学评价方法，是不合理的、不科学的。在体育教学活动过程中，应该注重学生在各方面的收获，包括体能、知识、技能、学习态度、团队精神、意志力、情操等多方面的收获，为培养全面发展的人才奠定基础。这就要求体育教师在实施小学体育教学评价时，务必将评价的重点从过分关注学习的结果转向关注学习的过程。

我国新的体育课程标准对学生体育学习过程中评价的侧重点做出了相应的调整。这些调整变化主要体现为以下内容。

①从侧重对学生体能的评价发展为侧重对学生学习态度、行为的评价。

②从侧重对学生体育、健康知识的记忆发展为侧重对学生体育、健康知识的理解和运用。

③从侧重对学生单个运动技术掌握水平的评价发展为侧重对学生运动技术的运用、运动参与程度的评价。

④从侧重对学生体育终结成绩的评价发展为侧重对学生学习过程、进步幅度的评价。

⑤从侧重教师单一主体的外部评价发展为侧重学生、同伴、教师多元主体的评价。

这些评价侧重点的变化、发展，有利于学生更好地发展，有利于促进学生体育素养的全面提高。

（三）评价的内容：从狭窄片面转向全面综合

以往的小学体育教育教学基本都是从体育课的出勤率和学生的课堂表

现、知识和技能的掌握情况来评价学生的，忽视了学生在体育学习过程中的态度、团队精神、意志力、情操等方面的评价，显然，这种评价内容是狭窄的、片面的，不利于体育教学活动的开展实施，也不利于学生的全面发展。因此，我国新的体育课程标准调整了体育教学评价的内容，对体育教学评价的内容进行了全面的、合理的、科学的设计，使评价内容更具全面性和综合性。

1. 体育教育教学评价内容的全面性

可以从以下三点来理解、掌握体育教学评价内容的全面性。

①体育课程内容的全面性。体育课程是一个完整的整体，因此，对体育课程内容的评价应该是整体性的、全面性的评价。体育课程内容应包括体育知识、运动技能、身体健康、心理健康等几个方面的内容。

②评价目标内容的全面性。体育教育教学评价目标的内容，既包括学生知识的掌握程度和学生体育学习结果的评价，也要包括学生体育学习过程的评价，还包括学生学习态度、精神领悟、体能增强、智能发展等多方面的评价。

③个体差异发展的全面性。通过美国心理学家加德纳提出的多元智力理论可知，学生的智能都是有差别的，有优势和弱势之分，对全体学生采用内容相同的体育教学评价是不科学的、不合理的。因此，体育教师在确定体育教育教学评价内容时，应充分考虑学生个体差异发展的全面性，关注学生个体的智能强项，最大限度地促进学生个体价值的实现。

2. 体育教育教学评价内容的综合性

要理解、掌握体育教育教学评价内容的综合性，可以从以下两点内容着手。

①要注意评价内容的综合。体育教学评价内容的综合并不是指对任何一个体育运动项目的评价都要对其各个方面，进行面面俱到的评价，而是指根据评价目标突出评价重点，再兼顾其他。

②要注意评价方法的综合。体育教学评价方法的综合是指在评价时要坚持定量评价与定性评价的有机结合。

（四）评价的标准：从"一刀切"转向"因人设标"

以往传统的体育教育教学评价以学生的运动技能为重点，并且采取"一刀切"的评价标准，即每个年级的技能考核项目和标准都是统一的。这种评价标准并不科学、合理，严重影响了小学生学习体育的积极性和主动性，阻碍了他们身体素质等各方面的科学发展。为解决这一问题，学校就要积极推行新的评价标准，从"一刀切"转向"因人设标"。

在开展实施新的体育教学评价标准时，学校要坚持"因人施教""以人为本"的原则。教师应依据每一位学生的体能和运动技能水平等实际情况，制定出符合学生个体发展的评价标准，淡化绝对标准，并应充分考虑、发挥每个学生的特长，提供多个同类运动项目，以供学生依据自身的实际情况自主选择，这将有利于促进学生体育学习积极性，促进学生的自我发展。

（五）评价的主体：从教师的单一主体转向多元主体

在以往的体育教育教学评价中，主体是教师，教师与学生的关系是评价与被评价的关系。这种单一主体的体育教育教学评价并不利于小学体育教育教学工作的开展，并且还存在着一定的弊端，主要体现在：第一，评价的结果容易有失公正，并且时效性也不强；第二，扭曲了正常的师生关系；第三，容易使学生失去持续发展的原动力。因此，新的体育课程标准中针对体育教育教学评价的主体提出了明确的要求，依据新的要求，笔者概括总结为，评价的主体要从教师的单一主体转向多元主体。

多元主体评价既包括体育教师的评价，也包括学生的自我评价和生生间的相互评价。多元主体评价明确了学生在体育教学评价中的主体地位，这对促进学生的发展和提高学生的自我认识及自我教育能力等具有重要的作用和意义。

三、小学体育教学评价的基本方法

依据新体育课程标准对体育教学评价的内容、目标、标准等的规定，笔者将小学体育教育教学评价的基本方法分为以下四种。

（一）测验法

测验法是一种定量评价的方法，它在小学体育教育教学评价中的应用最为广泛。

1. 测验法的概念

测验法是依据测验项目的目的和内容，并按照一定的规章程序对学生进行测试，然后通过将测试结果与一定的标准进行对照进行衡量的一种评价方法。

2. 测验法的特点

测验法的主要特点是客观性和可比性。

（1）客观性

测验的项目的目的是唯一的，内容和评分标准是统一的，所以这种测验是不易受到评价者主观态度所干扰的，进而测验的结果也就具有客观性，评价比较公正。

（2）可比性

由于针对测试对象的测验项目的目的是唯一的，内容和评分标准是统一的，所以通过对测验结果的对比分析，可以了解到每一位学生的基本情况，即学生个体在班级群体或全校同一年级群体中所处的相对位置。

3. 测验法应注意的问题

测验法应注意的问题主要有以下两个。

（1）要充分认识测验法功能的局限性

测验法是一种定量评价的方法，所以在使用这种体育教学评价方法的过程中，可以应用一定的数学统计工具，测验项目的结果大多数都是以分值的形式出现的。这也导致了测验法功能的局限性，这种方法只能应用于对学生体育理论基础知识和项目运动技能的评价，而对于那些精神、心理层面的内容，如团结意识、意志力、学习态度等则无法评价。

（2）要正确使用量化评价的结果

笔者主要从以下两个方面就如何正确使用量化评价的结果进行分析。

①教师借助量化评价的结果，反思自己在"教"的过程出现的问题，并对自己设计的课程进行科学、合理的调整。

②学生借助量化评价的结果，寻找自己在"学"的过程中的问题，分析出现这些问题的原因，并主动通过体育教师和家长的指导帮助解决这些问题，以使自己在原有的基础上有所进步。

（二）评语制评定法

1. 评语制评定法的概念

评语制评定法是依据学生在体育教育教学中"学"的过程中，在运动技能、学习态度、意志力与团队精神等方面的表现，采用书面或口头评语描述、鉴定的形式呈现评价结果的方法。

评语制评定法是一种定性评价的方法。评语制评定主要分为学生的自我评定、组内的互相评定、教师的评定三种类型。

2. 评语制评定法时必须注意的问题

笔者主要从以下三个角度来分析采用评语制评定法时应注意的问题。

(1) 评定的目标

在评定的目标上，体育教师要着眼于评定有助于促进学生发展的方面。体育教学评价的真正意义在于促进学生的全面发展，使学生的学习得到发展和完善。所以，体育教师在体育教育教学评价中使用评语制评定法时，既要指出学生的优点，也要指出学生的不足，在促使学生提高参加体育活动的积极性时，也要让他们确立今后的体育学习目标和方向，为他们的后续学习奠定基础。

（2）评定的内容

评定的内容要尽量全面。评语制评定不仅仅是对体育基础理论知识和运动技能的评定，还包括学习态度、意志力、团队精神、心理等方面的评定。

（3）评定的程序

体育教师在使用评语制评定时，一定要注意评定的程序，即先让学生自我评定，然后再由教师组织学生开展生生之间的相互评价，最后由教师进行总结性的综合评定。教师在进行综合评定时既要考虑学生学习的目标达成情况、学习态度、进步空间等，也要考虑学生自我评价和生生评价的情况，还要防止对学生进行评语制评定时一味使用表扬的评语或是批评的评语，教师所做的有效的评定应该是既有肯定也有指正的评语的，而且要注意评语的措辞和语气，这样才能增强学生学习体育的动力，并让学生认识到今后努力的方向和目标。

（三）等级制评定法

1. 等级制评定法的概念

小学体育教育教学评价中的等级制评定法是一种以量化评价为基础的评价方法，它是利用量化评价，以学生的体育体能和运动技能的最后得分作为依据的一种等级制的评定法。

2. 等级制评定法的特点

等级制评定法适合三年级至五年级使用，结合了等级制评定法与评语制评定法，它的依据是学生的体育体能和运动技能的得分情况。

3. 使用等级制评定法时必须注意的问题

在体育教学评价中，使用等级制评定法时必须注意以下三个问题。

（1）评价内容的全面性

使用等级制评定法时，评价的内容要全面，学生的体育成绩，除了体育知识、体育运动技能和体能方面的得分外，还包括学习态度、团队精神、意志力、心理活动等方面的得分，这样的评价才是公正的。

（2）评价对象的差异性

每个学生都有自身的特点，都是独一无二的，即使是同一年龄、同一年级、同一班级的学生，在体能和运动技能方面也存在着差异，所以，在对学生进行等级评定时，不应采用"一刀切"的做法，而应坚持"以人为本""因人施教"的原则，给予学生客观公平的评价，使每一个学生在原有的体育学习基础上都能有所提高。

（3）评价方法的综合性

评价方法的综合性，是指在对学生实施体育教学评价时，可以使各种评价方法合理地、科学地结合在一起，这样有利于全面客观地评价学生的体育学习情况。

（四）成长记录袋评定法

1. 成长记录袋评定法的概念

成长记录袋评定法是依据体育课程的内容与体育教学目标的要求，将能够反映学生学习成绩的信息收集起来，并以此全面、客观、动态地反映学生的学习与发展状况的一种评定法。

2. 成长记录袋评定法的意义

成长记录袋评定法的意义主要是从以下两个方面得以体现的。

①对学生而言，学生通过制作成长记录袋，可以亲眼看到自己成长的过程，获得体育学习的成功体验，以增强他们自主学生的意识，并善于利用发挥自己的优势，进一步提升自身的体育学习效果。

②对体育教师而言，通过对学生成长记录袋的评定，不仅可以较为全面地了解到学生的学习情况，还可以发现学生的优缺点，以便于针对优点给予其表扬激励，针对缺点给予其正确的引导，让学生体验到成功的快乐，提高他们参加体育活动的积极性。

3. 成长记录袋评定法的操作程序

体育教学评价中的成长记录袋评定法的操作程序主要分为三个步骤：一是，确定评定的目标，评定的目标不同，所收集的与评定有关的资料也会有所不同；二是，收集资料，建立成长记录袋，成长记录袋的内容需具备全面性、独特性的特点；三是，展示和交流，通过展示和交流，可以促使学生相互学习、扬长避短、共同成长。

第三节　小学体育教育教学评价的内容

一、运动技能的评价

运动技能的评价内容：第一，看是否能引领学生从实践活动中获得知识；第二，看是否能引领学生通过自主实践探究活动获得运动技能；第三，看是否能帮助学生进行有效的技能运用。

（一）以实践活动作为获取知识的源泉

运动基础知识是学生形成运动技能的基础前提。长期以来，人们对于基础知识获得途径的认识有失偏颇，认为只能通过室内理论课才能传授基础知识，这种认识上的局限性，导致了体育教育教学中运动实践与知识学习被无情地分隔为实践课与理论课两个部分，实践课的任务是提高学生的身体素质和运动能力，理论课的任务则是传授基础理论知识。这种操作模式看似分工明确、合情合理，但这种做法既不能体现体育课程的特点，又不符合学生认知规律。一方面，体育课程的实施是以身体练习为基础的，运动基础知识也应该从身体练习中获得；另一方面，人的认知规律是认识、实践、再认识、再实践……也就是说，只有通过身体练习的实践活动才能真正获得运动基础知识。事实上缺乏知识成分的实践课就会变得枯燥单调，失去了实践基础的理论课也会显得空洞乏味。因此，体育教师要通过以下三种途径使学生获得运动基础知识。

1. 优化课堂教学，丰富教学内容

优化课堂教学，可以使学生在体育课堂教学中既能提高运动能力，又能获得运动基础知识。这就需要体育教师首先充分挖掘教学内容的知识含量，然后依据学生的知识水平和生活经验精心设计教学过程，使学生在参与体育活动的同时，掌握体育运动基础知识。

2. 整合两种课型，让理论课为实践课服务

在日常教学工作中，难免会遇到由于天气等不可抗拒的原因不得不在室内上体育课的情况，那么，体育教师对室内理论课教学内容的选择应该联系室外实践课的内容，使得学生所获得的基础理论知识能够为运动实践做铺垫，然后再让学生在室外实践课中消化这些理论知识。

3. 由课内向课外延伸，拓宽学生获得运动基础知识的途径

对于课堂中学生不能解决的问题，体育教师往往不必急于直接告诉学生，

可以引导学生在课外通过向他人咨询、查阅资料、搜寻网络等方法寻找答案，这样不仅可以使学生通过多种途径获得运动基础知识，而且可以培养学生的学习能力。

（二）以学习方式作为获得技能的基础

小学体育教育教学评价应以学习方式作为学生获得技能发展的基础。新的课程要求并强调重点关注学生学习方式的变化，教师要为学生提供机会，提高学生自学、自练的能力，使学生成为学习活动的主体和自身发展的主体。事实上，体育教师只有改变以传授和灌输为主要方式的传统课堂教学模式，重视学生对知识技能的自我体验和自我建构，才能真正使学生掌握运动技能。因此，体育教师必须摒弃"唯师""唯书"的陈旧观念，帮助学生摆脱传统的学习方式，采用一个以实践为基础，以学生全面发展为目标，以学生为主体的新式体育教学方式，使学生在巩固练习中逐步形成运动技能。为此，体育教师必须关注以下几个方面内容。

1. 提供自主实践的机会

学生是活生生的人，对未知世界与生俱来就有着探究的意识和能力，因此，体育教师要给予学生充分的时间和空间去自主实践。

2. 探究问题的预设

一个恰当而富有挑战性的问题不仅可以使学生探究的过程变得充实而连贯，还能激发学生主动参与探究活动的兴趣和热情，因此，体育教师要为学生巧妙地预设一个恰当而富有挑战性的问题，让学生去开展自主探究活动。

3. 探究过程的指导

让学生完全脱离教师开展自主探究性的学习活动是不现实的，在课堂教学中，体育教师应让学生进行自主探究学习，同时，还必须给予其方向的引领和方法的指导，否则，就很容易导致放任自流的自主学习。

4. 学习结果的评价

在学生自主探究学习过程中，学习结果评价不仅具有导向功能，还具有激励功能，通过评价可以帮助学生加深对所学知识的理解，使学生认识到自己的学习水平，为学生指明努力的方向，让学生体验到成功的快乐，因此，必须重视学习结果评价，要让评价贯穿于学生学习的全部过程之中。

（三）以技能运用作为掌握技能的土壤

运动技能是人体在运动总过程中有效地掌握和完成专门动作的能力。传统的体育教学在运动技能方面存在着严重的缺陷,传统体育教学过于关注学生对运动技能的掌握程度而忽视了对运动技能的运用,因此,体育课程的重要价值被埋没,学生只是为了技能而学技能。新课程强调学校体育课程要为学生终生体育奠定基础,这就要求体育教师在开展实施体育教学工作时,既要关注学生对运动技能的掌握情况,又要使学生学会对运动技能加以运用。只有这样,学生通过正确运用他们已掌握的运动技能,并形成良好的体育锻炼习惯,才能将体育锻炼由课内发展到课外,从校园向家庭和社区延伸。所以,在体育教育教学活动的实践过程中,体育教师应注意以下两点内容。

1. 课内锻炼

课内锻炼就是指在体育课的课堂教学中,要加强学生运用技能的锻炼。这就要求体育教师在设计课堂教学活动时,依据学生学习水平和生活经验以及课堂教学的实际情况,设计学生技能运用的环节和内容,这样不仅可以强化和巩固学生所掌握的运动技能,还能有效地提高学生对运用技能的运用能力。

2. 课外发展

课外发展就是指在体育课的课堂教学之外,发展学生运用运动技能、提高学生自我锻炼的能力。因此,体育教师需依据课堂教学和学生的实际情况,布置适当的课外作业,这不仅有利于学生对课堂中所学技能的巩固和运用,而且是将学生参与体育锻炼从课内引向课外的重要途径,能够为学生终生进行体育锻炼奠定基础。

二、身体健康的评价

身体健康的评价内容:第一,看是否能通过活动有效增长学生有关身体正确姿势方面的知识以及通过多种形式的身体练习促进学生形成正确的身体姿势;第二,看能否为学生提供充分发展体能的身体练习机会,引导学生运用掌握的运动技能,促使学生养成良好的体育活动行为和体育锻炼习惯。

(一)以促进形成学生正确的身体姿势为基点

小学生天真好动,喜欢模仿各种动作,而且骨骼发育生长还没有定型,所以,在体育教学过程中需要矫正他们的不良姿势习惯,引导他们形成正确的身体姿势。俗话说"三岁的行为看到老",就是指从小形成的行为习惯和身体姿势,会影响人的一生。因此,在小学阶段对学生进行正确身体姿势的教育和训练是十分重要的,也是十分必要的,而且体育课程应该首先担负起这一重要任务。为此，体育教师在体育课堂教学中要有目的、有计划地对学生进行正确身体姿势的教育和训练。在教学实践中，体育教师必须要关注以下两点内容。

1. 要丰富学生有关身体正确姿势方面的知识

要丰富并使学生掌握有关身体正确姿势方面的知识，即让学生了解什么姿势正确，什么姿势不正确，不良身体姿势对身体的危害，等等。首先，体育教师可以通过室内课，让学生观看相关的录像、图解等，再结合讲解，增长学生的知识，提高学生对正确姿势的识别能力；其次，体育教师可以通过室外课，在实践中引导学生识别身体姿势的正确与否，在丰富学生有关身体姿势的知识的同时，提高学生的辨别能力。

2. 要加强学生正确身体姿势的训练

一方面，体育教师可以通过基本体操、舞蹈等身体练习，采用多种形式对学生进行正确身体姿势的训练，促使学生形成正确的身体姿势；另一方面，可以在学生参与的所有身体练习中强调身体姿势的可观赏性，促使学生以正确优美的动作参与每一次身体练习，从而形成正确的身体姿势。

（二）以发展学生体能为核心

体能也叫作体适能，人们主要可通过体育锻炼而获得体能。体能可分为两类，即与健康有关的体能和与动作技能有关的体能。前者包括心肺耐力、柔韧性、肌肉力量、肌肉耐力、身体成分等，后者是指从事运动所需要的速度、力量、灵敏性、协调性等。保持良好的体能对人的身体健康、心理健康都有重要意义。所以，体育教师将发展学生体能视为体育教学的核心目标，也将其看作促进学生健康发展的基本目标。为此，在体育教学实践中，体育教师应该主要通过两条途径发展学生的体能。

1. 课堂内锻炼

课堂内锻炼就是指在体育教学过程中采用多种形式，尽可能为学生提供锻炼的机会，发挥课堂这一体育课程实施主阵地的作用，充分发展学生的体能。

2. 课堂外发展

课堂外发展就是指在课堂教学过程中，使学生掌握体育锻炼的方法，并且通过有效的手段或措施，使学生将体育锻炼从课内延伸到课外，从而养成良好的体育锻炼习惯，并促进学生体能的发展。在促进学生体能发展的教学实践中，体育教师要注意以下几个问题。

第一,要把握学生体能发展的敏感期。各种体能发展的敏感期有所不同,在小学阶段应该重点发展学生的柔韧性、灵敏性、协调性、反应速度和平衡能力等。

第二,要注重学生体能发展的全面性。体育教师要科学地制订教学计划,有计划、有目的地发展学生体能。

第三,要注意发展体能的方法和手段。体育教师应避免使用竞技化、成人化的教学内容和教学手段,多采用学生喜欢并乐于接受的体育教学内容或是形式,提高学生对体育活动的积极参与度,让他们在学习中体验到愉悦,这样更有利于学生体能的发展。

三、心理健康的评价

心理健康评价的内容:第一,看能否通过对课堂的有效调控来引导学生自我控制和调节自身的行为、情绪,让学生在实践活动中学会并提高自我情绪的调控能力;第二,看能否通过有效的措施促使学生养成勇于克服困难的良好意志品质。

(一)注重学生情绪的调控能力的发展

情绪是对一系列主观认知经验的统称,是人对客观事物的体验,是多种感觉、思想和行为综合产生的心理和生理状态。最普遍最通俗的情绪有喜、怒、哀、乐、惊、恐、忧等,也有一些细腻微妙的情绪,如自豪、嫉妒、羞愧等,这些情绪直接影响着人们的生活、学习和工作等。

在小学阶段,大多数学生的情绪调控能力并不成熟、不稳定,他们极其容易受到外界环境的影响,也常常因为这些情绪而影响到体育学习。因而,体育教师有责任在体育教学的过程中注重学生的情绪,通过一些有效的措施或是方法帮助并引导学生的情绪朝着正面发展,并同时引导学生学会自我调控情绪。那么,到底如何在体育教学实践中注重学生情绪的调控能力发展呢?下面笔者将从两个方面着手对其进行分析。

1. 教师的教学调控

教师的教学调控就是指在体育教学过程中,体育教师依据学生的自身情况和教学的实际情况,通过一些策略有效地调节和控制学生的情绪。教师的教学调控的具体策略如下。

第一,依据学生的年龄特点、自身的实际情况和心理特点开展的教学活动。

第二,依据学生在体育教学过程中所表现出来的不良情绪采用有效的方法和手段，转移学生的焦点。

第三，通过交流和心理沟通，给学生提供自己表达情绪的机会。

2. 学生的自我调控

学生的自我调控是指学校或教师为学生创造机会，让学生在实践中学会并掌握一定的方法或手段来实现自我调控，从而提高学生的自我水平意识与自我调控能力，具体方法如下。

第一，通过学生的自我评价和生生间的相互评价，提高学生的自意识水平。自我意识水平是实现自我调控的基础，也是实现自我调控的理性动力来源。什么是自我意识？自我意识便是对自己的清晰认识和客观评价。学生在自我评价和他人评价中认识和了解自己，并且可以通过对他人的评价了解他人，从而不断完善自己。

第二，在实践中学会自我调控。学生只有在实践活动中才能认识到自我调控能力的重要性，才能学会自我调控。自我调控能力是学生心理活动的一种机能、一种外在表现。

第三，在实践中运用自我调控。学生的自我调控能力只有经过实践的锻炼，才能得到提升。

（二）重视学生意志品质的培养

意志是一种心理活动过程，这种心理活动可以通过行动表现出来，意志可以有意识地支配、调节行动，体育教师可以通过观察学生的意志行动，进而评价学生的意志品质。构成人的意志的某些稳定的方面，就是人的意志品质。学生的意志品质主要包括独立性、果断性、坚定性和自制力等。在小学体育教育教学活动中，为了达到一定的目的，学生往往需要克服身心疲劳，消除厌倦、胆怯、恐慌等消极情绪，保持高度集中的注意力和一定程度的肌肉紧张等，这些都是对学生的意志品质的严峻考验，所以，体育教师将体育活动视为培养学生坚强意志品质的重要途径。在开展实施体育教育教学工作中，体育教师要有目的、有计划地通过有效手段磨炼学生的意志，重视学生意志品质的培养。在体育教学过程中培养学生的意志品质需要关注以下几个方面的内容。

1. 有针对性地选择教学内容

体育教师要根据意志品质的特征选择合适的教学内容，有针对性地培养学生的意志品质。

2. 设置恰当的教学目标

体育教师在设置教学目标时要注意把握学生的"最近发展区",要让学生通过一定的努力能够达到目标,然后再逐步提高目标要求,否则将不利于学生意志品质的培养。

3. 营造浓郁的活动氛围

外界环境能直接影响学生对体育活动的兴趣,进而影响他们的参与程度,良好、活跃、积极向上的体育活动氛围可以提高学生的积极参与程度,调动他们的兴趣,并磨炼他们的顽强意志,从而增加其克服困难的勇气。

4. 要激发学生的活动兴趣

学生意志与兴趣、动机、情绪的稳定性有关,一般情况下,对于学生感兴趣、动机强烈、情绪色彩浓厚的事,学生的意志就会比较强。

5. 要加强过程性评价

在学生参与活动的过程中,不断地通过评价激励学生,可以增加学生战胜困难的信心和勇气。

四、社会适应的评价

社会适应的评价内容:第一,看能否更新观念,营造和谐友爱的课堂氛围,为学生社会适应能力的提高奠定基础;第二,看能否通过有效的措施让学生在合作中进行竞争,促进课堂形成合作竞争的氛围;第三,看能否通过活动使学生能正确认识体育道德行为,促进学生在活动中养成自觉维护体育道德的良好习惯。

(一)课堂氛围

体育课堂以其独特的优势,为学生提供了其他学科课堂无法比拟的实践机会,正所谓:"社会大课堂,课堂小社会。"但是,传统体育课堂教学除了封建教育思想根深蒂固外,还受到"军体教育思想"的严重影响,课堂中学生服从命令是天职,课堂始终在"唯师""唯书""唯上"的思想引领下运行,使得体育课堂的优势不能得到充分的发挥,学生的个性被无情地扼杀,学生适应社会的能力更是无法得到发展,随着新一轮课程改革的开始,课堂氛围是社会适应评价内容之一,教师应该特别关注、营造和谐的课堂氛围以促进学生社会适应能力的发展。为此,体育教师要从以下两个方面着手营造和谐的课堂氛围。

1. 建立民主平等的师生关系

在体育课堂教学过程中，体育教师应该建立民主平等的师生关系，视学生为主体，摒弃传统的教学观中以教师为主体的思想观念。具体来说，教师应该做到以下三点。

①教师要脱去严厉的"外衣"，塑造以高尚的师德为核心，以亲和力为"外衣"的教师人格形象。

②教师要建立一种平等互助的伙伴性师生关系，并且共享资源。教师在传授知识时，并不应采取一种教师"给予"，学生被动"接受"的形式，而是应该与学生一起探索，师生双方在主观上"分享"自己尚未获得的经验与知识。

③教师要与学生坦诚相待，真心实意地相信学生、信任学生，增强他们的自我效能感。

2. 要给予学生一定的自由

教师要让学生有自由支配的时间，要给学生有提出问题、思考问题、讨论问题和回答问题的机会，要让学生有选择学习内容和学习伙伴的权利，要让学生有评价自我和评价他人的机会。

（二）学生的合作精神与竞争意识

随着社会的日益发展，人们生存与发展的竞争将日趋激烈，因此，学生的合作精神和竞争意识是社会适应评价内容的重要组成部分。学会与人相处、与人合作，提高竞争意识，将是对未来社会成员的基本要求。体育课堂教学以其特有的优势，为学生提供了充分的合作竞争的机会，这将是培养学生合作精神和竞争意识的肥沃土壤。因此，教师可以从以下两个方面着手优化课堂教学，培养学生的合作精神和竞争意识。

1. 实施小组合作学习

所谓小组合作学习就是由多个学生共同协作、相互帮助的一种学习形式。在小组合作学习中，小组内的同学之间不仅仅有身体上的接触，在心理上也要有团结意识，要求组内成员共同协作、共同讨论、相互依赖、相互帮助，有集体荣誉感，使小组学习真正具有合作性。因此，在实施小组合作学习的实践中，教师要重点把握以下几个方面。

（1）积极互助

教师要让学生知道他们不是一个独立的个体，在学习的过程中，不仅仅只为自己负责，还应顾及和考虑组内其他的成员，小组成员之间是团结友爱、共同进步的关系。

（2）相互促进

学生之间要进行面对面的交流，组内成员之间应相互促进学习。

（3）个体责任

每一位学生都必须承担一定的学习任务，分工明确。

（4）社交技能

教师要教会学生一定的社交技能，使学生之间能进行有效地沟通。

（5）小组自评，组际交流

小组组内成员评价共同活动的情况，以保持小组活动的有效性；然后再进行组与组之间的比较交流，使组与组之间保持一定的竞争性。

2. 组织游戏竞赛活动

在体育教学中，组织开展游戏竞赛活动是一种常用的教学方法和活动组织形式，游戏竞赛活动对于培养学生的合作精神和竞争意识具有积极作用。因此，教师在教学实践中可以结合教学内容广泛开展游戏竞赛活动，并且要使竞赛的各组之间水平均衡，否则竞赛将会失去意义。

（三）体育道德

体育道德是人们在体育活动中应当遵循的道德规范，也是社会适应评价的主要内容之一。体育道德除了规范人们的行为之外，还具有一定的调节作用，调节人们在体育活动中的行为和关系。体育道德作用主要是自律作用和舆论作用。体育道德作用与道德规范人们行为的作用不同，它主要是作用于人心，而非外面表现，他是通过个人道德观念的意识来调节支配人的体育行为，通过心理活动作用于外在表现。

所以，在体育教学中加强学生的体育道德教育，以使学生养成良好的体育道德行为，为学生将来适应社会的需要显得尤为重要。为此，教师在体育教学实践中要重点关注以下两点内容。

①严格要求、规范学生的体育道德作风和行为，使学生深刻认识体育道德的作用和意义，让其时时刻刻都受到良好道德风气的影响。

②让学生在实践中得到锻炼，使其具有识别、鉴定好坏体育道德思想和行为的能力，养成自觉形成积极向上的体育道德思想和行为的习惯。

第八章 当前我国小学体育教育教学的发展状况

随着科学技术的飞速发展，电子科技产品的多元化等因素综合导致现在小学生体质普遍较弱，健康状况堪忧。同时，纵观整个小学生体育教学实况，可以看到其存在一些不足。如何选择合适的教学改革策略，破解小学体育教育教学难题，已然是当下小学生体育教育教学活动的重中之重。

第一节 小学体育教育教学的问题及对策

一、小学体育教育教学中的问题

在小学体育教学中仍然存在一定的问题，尽管小学体育教育教学中的一些问题得到一定程度的重视，学校也进行了相关的改进工作。但是仍然有一些问题需要得到重视与解决。小学体育教育教学中的问题主要有以下四个。

（一）小学体育教育教学不受重视

我国小学对体育教育教学的重视程度普遍不高。学校的体育教育教学不如文化课程那么受重视，很多学校只重视学生的文化成绩，觉得体育可有可无，以至于不断地压榨体育课程的时间，有的学校甚至将体育课程改成其他的文化课程。

（二）体育课程枯燥乏味

小学体育课程作为基础性的课程，应该培养小学生的学习兴趣，使学生养成良好的学习习惯。而很多的小学体育教学工作只成了形式上的学校要完成的目标，体育课程不能激发学生的兴趣。小学体育教育教学方式相对单一，不利于良好的体育教学课程的开展，也不利于小学体育教育教学质量的提升，更会打击学生学习的积极性。

另外，在整个的小学体育教育的教学过程中，针对不同年级学生的教学内容没有很大的区别，小学生无法在体育课程中体会到乐趣，进而影响到体育教学的质量。

（三）教师队伍良莠不齐

小学体育课程作为一门专业性很强的课程，需要专业素质过硬的体育教师。但是目前很多小学体育教师的素质较差，体育教师队伍水平良莠不齐，从而导致教学水平始终无法提高，或者提高的幅度不大。

在传统的观点中，很多人认为小学体育教师就是带领着孩子做做游戏，所以有一部分地区的体育教师没有经过专业的培训，在教学方法上缺乏一定的专业性，很多地方都做得不规范。在小学体育教育教学中，如果教师的示范动作都是错误的，那么学生学习的动作也是错误的，这样就会影响到体育教学的质量。

（四）体育场地与器材匮乏

大部分小学体育教育教学活动都是建立在实践活动的基础上的。场地与器材作为实施体育教学的重要条件，不可或缺。很多小学中没有标准的体育场地，也缺乏相应的体育设施，这样会影响到体育教育教学的顺利完成。

二、小学体育教育教学问题的对策

上述几个问题是在小学体育教育教学中普遍存在的问题，想要提升小学体育教育的教学质量，就需要重点解决上述问题，具体对策如下。

（一）转变教学理念

教学理念的转变会导致学生的学习思想的转变。学校应重视小学体育教学，通过教学理念的转变，将教育改革与体育创新结合在一起。

人们只有在思想重视了，才会在现实中付诸行动。提高小学生的身体素质，并将体育教育教学与文化教育结合在一起，可以提升学生的综合素质。

（二）丰富体育教育教学内容

体育教育教学内容不必拘泥于一定的要求，过于死板。学校应丰富教学内容，并使教学内容适应小学生的生理特点，可适当加入体育游戏，以激发小学生的体育学习兴趣，使学生积极地参与教学过程中。

（三）完善小学体育教师队伍建设

国家应完善小学体育教师队伍建设，提升小学体育教师的整体素质。

相关部门可以在教师招聘的过程中，设置相关要求，确保教师的体育专业素质，或者直接去高等师范院校的体育学院招聘，确保体育教师的专业素质能够过关。学校应鼓励体育教师在职进修，不断提升体育教师的专业素质与学科素养，教师专业水平的提升有利于学生专业素质的水平的提升，有利于全面推进素质教育。

（四）通过各种途径保证足够的体育场地与器材

体育场地与器材是实施体育教育教学的物质保障与基础。学校应确保有基础性的体育场所与器材，政府应为小学体育教育提供必要的财政支持，改善小学体育资金不足的情况。学校还可以寻求社会的支持，以增加体育设施数量。

第二节 小学体育教育教学中的发展变化

一、小学体育教育教学中的课程发展变化

传统小学体育课程设置比较随意，体育课程不是固定的，也没有固定的体育教育教学标准，很多体育动作与要求也是不规范的。伴随着课程改革的深入，体育课程越来越规范，国家对体育教育教学也制定相关的规范，每年都要对体育教育教学进行评估，每一位学生都要进行指标检测，教师每学期都要进行汇总对比，总结自己的优势，找出自己的不足，不断提升体育教学水平。体育课程也受到越来越多的人的关注，体育课程的发展变化也体现了这一点。

二、小学体育教学中教师的配置变化

最初的小学体育教师是由其他学科的教师兼任的，直到后来体育教师开始固定下来。体育教师的专业性很强，因此需要接受具体的体育专业的培训，具备一定的体育专业素质。尽管最初的体育教师没有接受过系统的体育训练，但是他们依然可以坚持用自己的热情与责任感来培养学生，为以后的体育教学打下坚实的基础。

伴随着时间的推移，体育教师开始专门化，体育教学的相关标准、相关体系、赛事规定、体育活动等越来越完善。体育教师也越来越专业，从现在的教师配备上来看，还有了体育特岗教师，他们的专业性更强，在自己的某个领域或项目上都曾经是本校的佼佼者或在各种赛事中拿过成绩，这对小学生来说更有助于他们发展特长或学习到更专业正规的体育知识，能够帮助其提高自身素质。这些体育特岗教师也会针对性地做好适合学生发展的教育计划，帮助学生更好地成长。

三、小学体育教学中学生的心理变化

很多学生喜欢上体育课是因为与其他学科相比,体育课更加自由,他们在整体育课上也是比较开心的。在体育课程规范化的过程中,有一部分学生是不适应的。体育课程一旦教条化就很难激发小学生的兴趣,小学生就会产生厌倦心理。体育课程中的器械训练,也是一部分小学生最讨厌的内容之一,因为器械训练的内容空洞单一,教学方式陈旧乏味,对于以学生来讲,这无异于是一种压力,也是一部分内向的孩子所惧怕的,他们不管是在心理上还是在身体上,都不愿意参与教学活动中来。这些因素都会导致学生不愿意去上体育课。

小学生也不是所有的体育课都不愿意去上,只是他们不愿意去面对体育课中的一部分内容。现在有一部分学生在遇到困难之后,不是想怎么解决,而是选择怎么逃避,因此,体育课还应该帮助学生树立信心,学会面对挫折。这对小学生来说也是应该学习的重要内容,小学生应学会面对困难,认识到自己的责任,重视自己的身体健康。

参考文献

[1] 毛振明. 小学体育教师专业能力必修 [M]. 重庆：西南师范大学出版社，2012.

[2] 石峻，谈力群. 小学体育教育实践与探索 [M]. 芜湖：安徽师范大学出版社，2015.

[3] 王崇喜. 体育课程与教学改革研究 [M]. 郑州：河南大学出版社，2014.

[4] 薛继升. 中小学体育教材教法 [M]. 长春：吉林大学出版社，2011.

[5] 赵立功. 我国中小学体育课程价值与实现 [M]. 石家庄：河北人民出版社，2015.

[6] 朱水敏. 中小学体育教师综合素质提升策略 [M]. 宁波：宁波出版社，2013.

[7] 朱晓春. 小学体育课程与教学论 [M]. 长春：东北师范大学出版社，2014.

[8] 欧阳耀文. 小学体育教学和终身教育研究探索 [J]. 运动，2018（08）.

[9] 陈培钦. 教育技术装备在小学体育教学中的运用 [J]. 教育观察，2018（06）.

[10] 孙洪雷. 小学体育教学质量提高的途径与策略研究 [J]. 课程教育研究，2018（04）.

[11] 朱正龙. 小学体育教学的现状和对应的策略 [J]. 教育现代化，2018（06）.

[12] 曾硕斐. 小学体育教学渗透德育的现状与对策 [J]. 体育世界（学术版），2018（02）.

[13] 翁玉丽. 小学体育教学过程中培养学生兴趣的策略探讨 [J]. 读与写（教育教学刊），2018（03）.

[14] 庄艳. 小学体育课堂教学实施自主教育的策略研究 [J]. 科学大众

（科学教育），2017（08）.

[15] 李爱仙. 如何改进小学体育教学 [J]. 江西教育，2017（27）.

[16] 孙启浩. 小学体育教学改革探讨 [J]. 运动，2017（22）.

[17] 李振. 浅谈我国小学体育教育存在问题和对策 [J]. 中国教师，2017（S2）.

[18] 赵卓好. 体育游戏在小学体育教学实践中的作用与设计原则 [J]. 当代体育科技，2017（36）.

[19] 陈健. 浅谈小学体育教学的方法和策略 [J]. 教育观察，2017（24）.